HERCVLE
MOVRANT.
TRAGEDIE
DE ROTROV.

A PARIS,

Chez ANTHOINE DE SOMMAVILLE, au Palais,
dans la petite Salle, à l'Escu de France.

───────────────

M. DC. XXXVI.
AVEC PRIVILEGE DV ROY.

(e)

PRIVILEGE DV ROY.

OVIS par la grace de Dieu Roy de France & de Nauarre, A nos amez & feaux Conseillers les Gens tenans nos Cours de Parlement, Maistre des Requestes ordinaires de nostre Hostel, Baillifs, Seneschaux, Preuosts, leurs Lieutenans, & autres nos Iusticiers & Officiers qu'il appartiendra, Salut. Nostre bien amé ANTHOINE DE SOMMAVILLE, Marchand Libraire, Nous a fait remonstrer qu'il desiroit faire imprimer vn Liure intitulé, *Hercule mourant, Tragedie de Rotrou*, ce qu'il ne peut faire sans auoir sur ce nos Lettres humblement requerant icelles. A CES causes desirant fauorablement traitter ledit exposant, Nous luy auons permis & permettons par ces presentes de faire imprimer, vendre & debiter ledit Liure en tous les lieux & terres de nostre obeïssance, par tels Imprimeurs, en telles marges & caracteres, & autant de fois qu'il voudra, durant le temps & espace de sept ans entiers & accomplis, à compter du iour qu'il sera acheué d'imprimer. Faisant deffences à tous Imprimeurs, Libraires & autres de quelque condition qu'ils soient, tant estrangers, que de nostre Royaume, d'imprimer, vendre ny distribuer en aucun endroit d'iceluy ledit Liure sans le consentement de l'Exposant, ou de ceux qui auront droit de luy en vertu des presentes, ny mesme d'en prendre le tiltre, ou le contrefaire en telle sorte & maniere que ce soit, soubs couleur de fausse marge ou autre desguisement, sur peine aux contreuenans de trois mil liures d'amende, appliquable vn tiers à Nous, vn tiers à l'Hostel-Dieu de Paris, & l'autre tiers à l'Exposant, de confiscation des exemplaires contrefaits, & de tous despens, dommages & interests: Mesmes si aucuns Libraires & Imprimeurs de nostre Royaume, ou Estrangers trafiquans en iceluy estoient trouuez saisis des exemplaires contrefaits, Nous voulons qu'ils soient condamnez en pareilles amendes que

á ij

s'ils les auoient imprimez, à condition qu'il ſera mis deux exemplaires dudit Liure dans noſtre Bibliotheque publique, & vn autre
en celle de noſtre tres-cher & feal le Sieur Seguier Cheualier,
Chancelier de France, auant que pouuoir expoſer ledit Liure en
vente, à peine de nullité des preſentes. Du contenu deſquelles
Nous voulons ; & vous mandons que vous faſſiez iouyr & vſer
plainement & paiſiblement ledit Expoſant, où ceux qui auront
charge de luy, faiſant ceſſer tous troubles & empeſchemensſi aucuns leur eſtoient donnés. Voulons auſſi qu'en mettant au com-
mencement ou à la fin dudit Liure vn extraict des preſentes, elles
ſoient tenuës pour deuëment ſignifiees, & que foy y ſoit adiouſtee
comme à l'original. Mandons en outre au premier noſtre Huiſ-
ſier ou Sergent ſur ce requis, de faire pour l'execution des preſentes tous exploicts neceſſaires, ſans demander autre permiſſion:
Car tel eſt noſtre plaiſir, Nonobſtant Clameur de Haro, Chart-
tre Normande, priſe à partie, & lettres à ce contraires. Donné à
Paris le 30. iour d'Auril l'an de grace mil ſix cens trente-ſix ; & de
noſtre regne le vingt-ſixieſme.

  Par le Roy en ſon Conſeil,

            Chappellain.

Acheué d'imprimer le 28. May 1636.

  Les exemplaires ont eſté fournis.

Et ledit Sommaville a aſſocié auec luy auſdit Priuilege
Toussainct Qvinet, auſſi Marchand Libraire, ſui-
uant l'accord fait entre-eux.

A
MONSEIGNEVR,
MONSEIGNEVR
L'EMINENTISSIME
CARDINAL
DVC
DE RICHELIEV.

MONSEIGNEVR,

Il auroit esté aduantageux
à Hercule, que vos gardes luy

á ij

euſſent dénié l'entrée de voſtre
Cabinet, ils luy auroient eſpar-
gné la honte de trembler & de
rougir, tout deïfié qu'il eſt, luy
qui n'eſtant encor que mortel,
ne ſceut iamais cognoiſtre la
pœur; Il s'oublie ſoy-meſme à
l'abord de voſtre EMINENCE,
& recognois, MONSEIGNEVR,
que vous faictes aujourd'huy
l'Hiſtoire, dont il n'a fait que la
Fable; Mais vous l'auez flatté
d'vne eſperance capable de le
r'aſſeurer, & vous abbaiſſez ſi
courtoiſement les yeux ſur les
choſes qui ſont au deſſous de
vous, que ſa honte eſt deſia paſ-
ſée, & qu'il prefere à ſon im-
mortalité l'honneur qu'il va receuoir de viure chez vous: Ie

supplie tres - humblement voftre EMINENCE, MONSEI-
GNEVR, de fouffrir qu'il vous
parle de moy , & d'agréer les
adorations de la moindre , mais
de la plus paffionnée de vos
creatures;   C'eft tout ce que ie
demande à ma fortune que d'e-
ftre fouffert de voftre EMI-
NENCE, en cette qualité , &
c'eft le bien fans lequel , ie re-
noncerois à tous les autres; Ce
ne luy fera pas vn petit ouurage, veu le peu que ie fuis, &
que ie vaux; Mais, MONSEI-
GNEVR, fi ie n'ay pas affez de
merite vous auez affez de bon-
té, & vous eftes trop genereux
pour m'ofter iamais l'incomparable faueur que vous m'auez

EPISTRE.

continuée depuis trois ans, de
permettre que ie me qualifie

MONSEIGNEVR,

De Voſtre Eminence

Le tres-humble, tres-obeïſſant,
& tres-obligé ſeruiteur,
Rотrоv.

A MONSEIGNEVR
L'EMINENTISSIME
CARDINAL
DVC
DE RICHELIEV.

ODE.

FILLES à RICHELIEV *si cheres,*
Muses, chastes sœurs du Soleil,
Priez cét Astre sans pareil
D'ouurir l'oreille à mes prieres :
En cette agreable saison
Où les fleurs rompent la prison
De l'Element qui les enserre,
Il peut faire par ses chaleurs,
A mon esprit comme à la terre
Produire de nouuelles fleurs.

é

ODE.

Ses forces ne *font* pas bornées
Par les *Eftez & les Hyuers*,
Il n'eft pas moins Pere des Vers
Que des faifons & des années.
Sa vertu s'eftend plus auant
Qu'à donner des ioüets au vent,
Et faire des fleurs & des herbes.
C'eft elle qui faict les metaux:
Et les Ronfards, & les Malherbes
Se content parmy fes trauaux.

Mais toy grand Demon de la France,
Autre Soleil de noftre temps,
Qui donnes d'vn fi beau Printemps
Vne fi parfaicte efperance.
RICHELIEV, rare effort des Cieux,
Iufte eftonnement de ces lieux,
Si tu daignes prendre la peyne
De ietter vn regard fur moy,
Quel Apollon peut à ma veyne,
Eftre plus Apollon que toy.

ODE.

❀

Pour toy grand Duc elle est ouuerte,
C'est pour toy qu'elle veut couler,
Ma nef commençons de cingler,
Puisque nostre Ourse est descouuerte.
Ie sçay bien que sur cette mer
Il est malaisé de ramer,
Aussy n'est-il point de voyage
Qui merite vn si grand effort,
Et nous ferons vn beau naufrage,
Où nous trouuerons vn beau port.

❀

Tel qu'on voit en son E cliptique
Le brillant Prince des saisons,
Le long de ses douze maisons
Continuant sa course oblique,
(Quoy que son char n'arreste point)
Ne passer d'vn pas n'y d'vn point
Les espaces de sa carriere,
Et receuoir si constamment,
Du lieu d'où luy vient sa lumiere
Les regles de son mouuement.

ODE.

Tel on voit ton sçauant genie
Au seruice de nostre Roy,
Conduire d'vne esgale foy
Toutes les choses qu'il manie.
On ne voit sa sincerité,
Gauchir d'vn, n'y d'autre costé,
Quoy que iamais il ne repose,
Et dans ses trauaux inouys
L'vnique but qu'il se propose
Est la volonté de LOVIS.

Tes pas restraints en ces limites
Ne sçauent point d'autre sentier,
Là tu mets ton esprit entier,
Là tu bornes tous tes merites.
Là sont par les difficultez
Tes hauts desseins sollicitez,
Là ton ardeur rompt tous obstacles,
Et produit de si grands effets,
Que qui ne croit point aux miracles
Doit douter de ce que tu faits.

ODE

Ceux qu'on a veu de noſtre barque
Deuant toy regir le timon,
Ont auſſy peu laiſſé de nom
Que leur vertu laiſſa de marque.
Ou leur zele s'eſt trouué faux,
Ou leur ſçauoir eut des defaux;
Et tous ont ioint ſi peu de gloire
A la beauté des fleurs de lys,
Qu'ils furent eux & leur memoire
En meſme iour enſeuelys.

Mais Armand (loing de complaiſance)
Quels Eloges n'ont merité
Et ton extreme probité
Et ton extreme ſuffiſance?
Iuſqu'où n'a-ton veu ton ardeur
De nos lys eſtendre l'odeur?
Et qui de leurs tiges ſacrées
Peut ſi loing que toy repouſſer
L'inſolent ſouffle des Borées,
Qui taſchent de les renuerſer?

é iij

ODE.

O combien du siecle où nous sommes
Seront de siecles enuieux!
Sois-tu de la race des Dieux,
Ou sois-tu de celle des hommes.
Que les grands succez de tes soins
Ont d'irreprochables tesmoins,
Que ta gloire est haut establie!
Et que le vieux pere des ans
Auant qu'il face qu'on t'oublie,
Deuorera de ses enfants!

Ie sçay bien que nos maladies
N'ont pas encor atteint leur fin,
Et que nostre mauuais destin
Medite encor des Tragedies:
Mais si tu nous veux conseruer
Il ne les sçauroit acheuer,
Et quelque mal qui nous assaille,
Nous ne pouuons auec raison
Où tel Esculape trauaille,
Douter de nostre guerison.

ODE.

Il n'est force qui ne succombe
Quand elle nous voudra heurter:
Quelque foudre peut esclater,
Mais tu ne crains pas qu'elle tombe,
Outre que nos moindres guerriers,
Sont couuerts de trop de lauriers,
Pour aprehender le Tonnerre,
Les grands appareils que tu faicts,
Sont des menaces à la guerre
Du proche retour de la paix.

Quel plus beau sejour que la France,
Alors pourra charmer les yeux!
Et combien luy viendra des Cieux
Et de repos & d'abondance!
L'Hyuer courant d'vn pas leger
De peur de la desobliger
N'y tiendra qu'vn mois son Empire.
Apres renaistront les beaux iours,
Et nous verrons cinq mois Zephire
En l'entretien de ses Amours.

ODE.

❖

De l'or d'vne perruque blonde
La terre en fin se parera,
Toute grosse qu'elle sera
De l'aliment de tout le monde;
Et lors que pour se soulager
Elle se voudra descharger
Nous n'aurons arbre ny jauelle,
D'où ne tombent tant de tresors,
Qu'à peyne encor soustiendra telle,
Tout ce qu'elle aura mis dehors.

❖

Bien-tost de tes ardentes veilles
Nous naistra ce siecle doré,
Où tu seras consideré
Côme Autheur de tant de merueilles.
Lors d'vn long bruit en ta faueur
Poussé d'vne sainte ferueur
Ta litiere sera suiuie,
Et si le Ciel entend nos vœux,
Il te conseruera la vie
Pour le siecle de nos neueux.

O toy

ODE.

O toy puiſſance tutelaire
Qui miſe de la main de Dieu
A la garde de RICHELIEV.
Portes le flambeau qui l'eſclaire,
Saint Miniſtre qui tiens chez luy
La meſme place qu'aujourd'huy
Il occupe en cette Prouince,
Sauue-le de tout accident
Puis qu'il n'eſt mal-heur où mon Prince
Peuſt tant perdre qu'en le perdant.

ROTROV.

A MONSIEVR DE ROTROV,
Sur ſon Hercule Mourant.

TON Hercule Mourant te va rendre im-
      mortel,
Au Ciel comme en la terre, il publiera ta gloire,
Et laiſſant icy bas vn Temple à ta Memoire,
Son bucher ſeruira, pour te faire vn Autel;

MAGD. BEIART.

ACTEVRS.

HERCVLE.

DEIANIRE.   Femme d'Hercule.

IOLE.   Maiſtreſſe d'Hercule.

LVSCINDE.   Suiuante de Dejanire.

ARSIDES.   Eſclaue d'Arcas.

ARCAS.   Amy d'Iole.

PHILOCTETTE. }
                       Confidens d'Hercule.
AGIS.

ALCMENE.   Mere d'Hercule.

LICHAS.   Valet de Dejanire.

HERCVLE
MOVRANT.

ACTE PREMIER.
SCENE PREMIERE.

HERCVLE.

PVISSANT *Moteur des Cieux , ferme*
appuy de la terre,
Seul Estre Souuerain, seul Maistre du ton-
nerre;
Gouste en fin, Roy des Dieux, le doux fruict de mes faits,
Qui par tout l'Vniuers t'ont estably la paix;
I'ay d'entre tes subiects la trahison banie;
I'ay des Rois arrogans puny la tyranie,

A

Et rendu ton renom si puissant & si beau,
Que le foudre en tes mains n'est plus qu'vn vain far-
    deau.
Des obiects de ton bras le mien est l'homicide,
Et tu n'as rien à faire apres les faits d'Alcide;
Tu n'as plus à tonner; & le Ciel toutefois
M'est encor interdit apres tous ces exploicts.
Paroy-ie encor vn fils indigne de mon pere?
Iunon n'a-t'elle pas assouuy sa colere?
N'a-t'elle point assez par son auersion,
Fait paroistre ma force, & mon extraction?
N'ay-ie pas souz mes loix asseruy les deux Poles?
Et celuy dont le Ciel charge tant les espaules,
Et sur qui ce fardeau repose pouriamais
Ne me peut-il porter auec ce rude fais:
Ainsi que mes exploicts, rends ma gloire parfai-
    te,
La Parque t'a remis le soin de ma defaite;
Et de quelques efforts qu'elle attaque mes iours,
L'impuissante qu'elle est n'en peut borner le cours.
L'air, la terre, la mer, les infernales riues,
Laissent en fin ma vie, & mes forces oysiues;
Et voyant sans effect leurs monstres abbatus,
Ces foibles ennemis n'en reproduisent plus.
Pere de la clarté, grand Astre, ame du monde,
Quels termes n'a franchis ma course vagabonde?
Sur quels bords a-t'on vû tes rayons estalez
Où ces bras triomphans ne se soient signalez?

I'ay porté la terreur plus loing que ta carriere;
Plus loing qu'où tes rayons ont porté ta lumiere.
I'ay forcé des païs que le iour ne voit pas,
Et i'ay veu la nature au delà de mes pas.
Neptune & ses Tritons ont veu d'vn œil timide
Promener mes vaisseaux sur leur campagne humide.
L'air tremble comme l'onde au seul bruit de mon nom,
Et n'ose plus seruir la haine de Iunon:
Mais qu'en vain i'ay purgé le seiour où nous sommes,
Ie donne aux immortels la peur que i'oste aux hommes.
Ces monstres, dont ma main a deliuré ces lieux,
Profitent de leur mort, & s'emparent des Cieux.
Le Soleil voit par eux ses maisons occupees,
Sans en estre chassez ils les ont vsurpees.
Ces vaincus qui m'ont fait si celebre aux neueux,
Ont au Ciel deuant moy la place que i'y veux;
Iunon, dont le courroux ne peut encor s'esteindre,
En a peuplé le Ciel pour me le faire craindre:
Mais qu'il en soit remply de l'vn à l'autre bout,
Leurs efforts seront vains, ce bras forcera tout;
D'vne seule beauté le pouuoir redoutable,
Oste à ce cœur si grand le titre d'indomptable.
Iole, seulement le pouuoit asseruir,
Et ce lasche à ce nom d'aise se sent rauir.
Allons voir si le temps ne l'a point resoluë
A rendre par ses vœux ma conqueste absoluë,
Et si ie dois en fin: Mais que mal à propos,
Cét obiect importun, vient troubler mon repos.

SCENE II.

DEIANIRE, HERCVLE,

DEIANIRE.

EN fin Iole est vostre, & ses caresses prestes,
De gloire, & de plaisir vont combler vos con-
questes;
Iole glorieuse attend les bras ouuerts
Ce Heros, qui souz soy fait trembler l'Vniuers;
Le seruage est pour elle vne heureuse victoire,
Son païs déconfit, altere peu sa gloire;
Et voyant par vos mains ses parens expirer,
Elle songe bien plus à vous voir qu'à pleurer.
Elle a vû sans regret sa Prouince deserte,
Elle aimoit le vainqueur, & mesprisoit sa perte.

HERCVLE.

Iamais perte aux vaincus n'a tant cousté de pleurs;
Son esprit fut troublé, son teint perdit ses fleurs;
Et iamais vne mort ne fut tant regrettee,
Qu'Iole a regretté la perte d'Euritee.

D E I A N I R E.

Mais combien de transports ont suiuy ses regrets ;
Combien elle a pour vous poussé de vœux secrets ;
Qu'elle a baisé de fois ceste main qui l'enchaisne,
Et de combien sa ioye a surpassé sa peine ?

H E R C V L E.

Que vos ialoux soupçons offensent sa vertu ?
Vn fort ne se rend point qui n'est point combattu :
Iamais d'vn seul regard, iamais d'vne parole,
Ie n'ay sollicité les caresses d'Iole ;
Ostant à ses parens la lumiere du iour,
I'ay vangé mon honneur, & non pas mon amour ;
Ie ne vous l'ay nommee aimable, ny charmante ;
Ie la meine en captiue, & non pas en amante.

D E I A N I R E.

Quel timide respect à vostre amour est ioint ?
Ce qui vous plaist est iuste, & vous ne faillez point ;
Vous celez sans sujet cét aimable seruage,
Et le desguisement trahit vostre courage.
Quoy vous n'auoüez pas vn amoureux dessein ?
Ma curiosité vous met la peur au sein :
Et ce que n'ont pas fait tous les monstres du monde ;
Ce qu'ont en vain tenté l'enfer, la terre & l'onde ;
De mettre en vostre esprit le moindre estonnement,
Vne femme le fait, & si facilement ;

Contentez, grand Heros, voftre amoureuſe enuie,
Et ne contraignez point vne ſi belle vie;
Hercule oblige trop de n'aimer qu'en vn lieu,
Pour vn obiect mortel, c'eſt trop qu'vn demy Dieu;
C'eſt trop que iuſqu'à nous Hercule ſe raualle,
Et que ie le partage auec vne riualle,
Quelque nouuel obiect qui le puiſſe toucher,
Hercule diuiſé m'eſt encore trop cher.

HERCVLE.

Cruelle, pour teſmoin de mon amour extreſme,
Ie t'offre ſeulement tes attraicts, & toy meſme;
Ces traits de tant d'amans autre-fois reuerez,
Que toute l'Oetolie a naguere adorez,
Et qui bleſſent encor tant d'ames eſtrangeres;
Penſe-tu qu'ils m'ayent fait des bleſſures legeres,
Et qu'on puiſſe guerir de l'aimable tourment,
Que tes yeux ont fait naiſtre en l'eſprit d'vn amant.
Non, perds ces faux ſoupçons, & que ta crainte meure,
Cependant, mon ſoucy, ſoigne que dans vne heure
Cet Holocauſte pur que ie choiſis hier
Soit conduit à l'Autel preſt à ſacrifier;
Lichas y portera l'ornement neceſſaire,
A parler & paroiſtre à l'aſpect de mon pere;
L'Oetolie à la fin ſoubmiſe à mon pouuoir
Et ſon tyran deffaict, m'oblige à ce deuoir,

Il s'en va.

DEIANIRE seule.

Ha traistre ! ha desloyal ! que d'vne vaine feinte,
Tu me veux deguiser le sujet de ma crainte;
Non, non, ie ne suis plus cét obiect si charmant
Qui força l'inconstance à l'aimer constament;
Qui fit d'vne infidelle, vn Amant veritable;
Qui s'acquit sur tes sens vn pouuoir redoutable;
Qui te fut preferable au reste des humains,
Et qui fit contre Nesse armer tes fieres mains.
Le temps qui forme tout, change aussi toutes choses,
Il flestrit les œillets, il efface les roses;
Et ces fleurs dont jadis mon visage fut peint,
Ne sont plus à tes yeux qu'vn triste & pasle teint;
Iole a sur le sien l'ornement necessaire
A faire de ton cœur vn lasche tributaire;
L'aage luy laisse encor les appas que tu veux,
Et sa ieunesse enfin me dérobe tes vœux :
Mais son espoir est vain, & le cours de cét aage
Qui m'oste des attraits, me laisse du courage;
Si ma force n'est vaine en ceste occasion,
Ie paroistray ta femme à ta confusion;
Ta vie en la fureur dont i'ay l'ame enflamee,
Trame vn pire Lyon que celuy de Nemee,
Et ma ialouse humeur t'est vn monstre plus fort
Que tous ceux dont tes bras ont accoursi le sort.

SCENE III.

HERCVLE, IOLE.

HERCVLE, appuyé sur les genoux d'Iole,
qui trauaille en tapisserie.

QV'AVEC moins de trauail les mains de la
nature
Ont bien mis sur ton teint de plus douces pein-
tures;
Attend qu'au naturel ie figure ces lys,
Dont elle a ton beau sein, & ton front embellis:
Que tu serois charmée, & qu'en ce beau visage
Ie prendrois le dessein d'vn agreable ouurage;
Si ie gaste ces fleurs, tu les peux corriger;
Ton aiguille à mes doigts est vn fais bien leger;
Mais ne t'oppose point à ce ieune caprice,
Qu'ils ayent auec tes mains vn commun exercice;
Ou si ce passe-temps (mon cœur) t'est importun,
Que nos yeux ayent au moins vn passe-temps commun.
Respond d'vn peu d'amour à l'ardeur qui m'enflame,
Et rends moy les regards que te portent mon ame;
Cruelle? Hercule icy reclame ton pouuoir,
Et tes yeux inhumains dédaignent de le voir;

Qu'vn

Qu'vn regard seulement.

IOLE.

O requeste seuere !
De quel œil puis-ie voir le meurtrier de mon pere?
I'ay veu cruel, i'ay veu ce cher corps que ie plains,
Tomber dessouz l'effort de vos barbares mains;
Ie l'ay veu souz vos coups estendu sur la terre,
Finir ses tristes iours, & ceste iniuste guerre.
Heüreuse si nos corps, n'eussent eu qu'vn cercueil,
Si nous n'eussions tous deux causé qu'vn mesme deuil.

HERCVLE.

I'ay plaint à ton sujet le succés de mes armes:
Mais de ton propre mal n'accuse que tes charmes,
Iole a fait le meurtre, & son mal-heur est tel,
Qu'elle a seule en son sein porté le coup mortel;
Iole qu'il nioit à ma iuste requeste,
Fut l'obiect, & sera le prix de ma conqueste,
Parce que i'aimois trop, ie fus vn peu cruel,
Et ta seule beauté causa nostre duel.

IOLE.

O cruelle beauté! trompeuse! image vaine !
Que le Ciel m'a venduë au prix de tant de peine;
Quelle misere encor me dois-tu procurer?
Et combien de mal-heurs ay-ie encor à pleurer.

B

HERCVLE.

Tu seras plus contente, estant plus amoureuse;
Quoy? possedant Hercule, Iole est mal-heureuse?
Et tenant dans ma couche vn legitime lieu,
Elle regrettera d'estre fille d'vn Dieu.

IOLE.

Moy, la fille d'vn Dieu, non, non, que Deia-
     nire,
Sur vos affections conserue son empire;
Ne traittez qu'en captif ce miserable corps,
Dont la fausse apparence a causé tant de morts;
Troublez ces yeux d'effroy, chargez ces mains de chais-
     nes,
Et que chaque moment renouuelle mes peines;
Apres vn siecle entier, d'ennuis & de prison,
Ordonnez moy le fer, la flame & le poison.
Ie ne murmure plus du mal qui me consume,
Mais vos plus doux baisers auroient de l'amertu-
     me;
Baiser, de mon païs, l'iniuste Conquerant,
Caresser l'assassin de mon plus cher parant,
Et sans que mes esprits incessamment s'alterent,
Sentir entre mes bras, les bras qui l'estoufferent:
Non, non, prieres, pleurs, force ny cruauté
Ne peuuent m'obliger à cette lascheté.

HERCVLE.

N'excite point cruelle, vn courroux legitime,
Qui ne distingueroit innocence ny crime;
Et croy que me déplaire est le pire peché
Dont iamais ton esprit pourroit estre taché.
Quoy, toute chose cede à ma force indomptée,
Les lyons les plus forts ne l'ont pas euitée,
Et ie ne pourrois pas amolir ta rigueur,
Et ie recognoistrois vn si foible vainqueur?
Ie nourirois sans fruict le brasier qui me brusle,
Et l'on diroit, Iole a triomphé d'Hercule :
Non, non, de ta beauté mon cœur sera le prix,
Mais cedant aux attraits, ie vaincray les mespris.

IOLE.

Le plus fier ennemy quelqu'ardeur qui l'enflame,
Dompte mal-aisément ce qui dépend de l'ame;
Vn tyranique empire, & d'iniustes efforts
Ont sousmis à vos loix ce miserable corps :
Mais sous quelque tyran que ce captif respire
Vn heureux desespoir en peut oster l'empire;
Mourant, il peut franchir ceste barbare loy,
Et s'il ne s'aime pas, il est maistre de soy.

HERCVLE, à genoux.

Ha! voila rebuter d'vn mespris trop seuere,
Celuy qui t'aime seule, & seule te reuere.

B ij

Pardonne, belle Iolé, à mon affection,
Ceste mauuaise humeur, & cette émotion;
Sois moy cruelle, ingratte, inhumaine, farouche,
L'amour peut arracher quelques mots de ma bouche;
Ie puis bien d'iniustice accuser tes appas,
Mais de t'outrager plus, Hercule ne peut pas.
Le Ciel dessus mon chef respande le supplice,
Dont te peut menacer mon aueugle caprice;
Mon pere, en cét instant me voye auec horreur,
Et relance sur moy les coups de ma fureur.

IOLE.

Destournez donc ailleurs ceste flame lasciue,
Et ne croyez auoir en môy qu'vne captiue,
Puisque vos traittemens, ou rigoureux, ou doux,
Ny le temps qui peut tout ne peuuent rien pour vous.

HERCVLE.

Ie vaincray ta rigueur par d'inuincibles armes;
Hercule s'instruira de l'vsage des larmes;
Hercule en mesme temps sçaura viure, & mourir,
Et s'oubliera soy mesme afin de t'acquerir.

SCENE IV.

DEIANIRE, IOLE, HERCVLE.

DEIANIRE.

QVEL *signe en faut-il plus, le voila le per-*
fide,
Sur qui si puissamment vne esclaue preside;
I'ay trop helas! i'ay trop leurs secrets recognus;
I'ay surpris ce grand Mars auecque sa Venus.

HERCVLE.

O la femme importune!

DEIANIRE.

Adieu, ma compagnie
Ne vous apporte pas vne ioye infinie;
L'amour est auec vous, & cét enfant honteux
N'aime pas les tesmoins, & se taist deuant eux.

HERCVLE.

Il est vray, mais au moins voy deuant ta sortie
Quelle ame de ces yeux se seroit garantie;

B iij

As-tu veu des vainqueurs plus dignes de regner,
Et pourquoy la raison se deust moins espargner;
Voy comme sans parler cette agreable bouche
Appelle mes baisers, & dit que ie la touche;
Voy que sur ce beau sein les lys à peine esclos
Accusent cette main d'vn stupide repos;
Voy si tu dois tenir ma deffaite douteuse,
Et si la continence icy n'est pas honteuse;
Si ie dois tant souffrir prés d'vn si beau secours.

DEIANIRE, s'en allant.

Madame est plus charmante encor que vos discours.

HERCVLE.

Adieu, plains toy jalouse, & de cette aduanture;
Accuse si tu veux, le Ciel, & la Nature;
Appelle lâcheté, foiblesse, trahison,
L'agreable tourment qui trouble ma raison;
Ie suis traistre, volage, inconstant, infidelle;
Ie suis ce qu'il te plaist, mais i'aime ceste belle;
Hercule est glorieux de sa captiuité,
Et souz de si beaux fers, il hait sa liberté.

IOLE.

D'où naist mal à propos cette inutile peine,
Qui mettra parmy vous, la discorde, & la haine?
Vsez braue Heros de vostre authorité
Contre ces ennemis de vostre liberté?

Arrachez de ces mains les yeux qui vous captiuent,
Laissez vous du repos à ceux qui vous en priuent?
Perdez ce qui vous perd, pourquoy differer tant?
Ordonnez que ie meure & vous viurez content.

HERCVLE

Le temps & les deuoirs rendent en fin traictable
La plus farouche humeur & la plus indomptable.

IOLE.

Le temps & les deuoirs employez vainement,
Ioindroient à vos regrets la honte seulement.

HERCVLE.

Le plus ferme souuent manque à ce qu'il propose,
Et la force au besoin m'obtiendra toute chose.

IOLE.

Ma mort peut empescher ce honteux accident,
Et le desesperé se sauue en se perdant.

HERCVLE.

Quel mal-heur m'a rendu ton humeur si seuere?

IOLE.

La perte d'Oechalie & la mort de mon pere.

HERCVLE.

Ingrate, dy plustost la perte de ton cœur,
Arcas te le rauit, Arcas en est vainqueur;

Et la foy que ie veux ce Captif l'a receuë:
Mais appren en deux mots quelle en seral'issuë.
Demain si ie n'obtiens la faueur que ie veux
I'immole à mon courroux cét object de tes veux,
Ce beau fils, ce mignon, ton ame & tes delices,
A tes yeux esgorgé payera mes seruices;
Consulte là-dessus.

IQLE seule.

ô Rage! ô Cruauté!
Quel aduis dois-je suiure en ceste extremité?

ACTE

ACTE SECOND.

SCENE PREMIERE.

LVSCINDE.

DIEVX, que la jaloufie en vn ieune
  courage,
Alors qu'on aime bien, eſt vne extreme
  rage?
L'Affrique en ſes deſerts ne preſente à nos yeux,
Rien de ſi redoutable, & de ſi furieux.
Si toſt que ce ieune Aſtre, aux regards de la Reyne
Expoſa ſa clarté ſi belle, & ſi ſeraine,
Auſſi toſt qu'à ſes yeux Iole ſe fit voir,
Bien loing de ſe contraindre, & de la receuoir,
Auec bien plus de cris, & bien plus enragée,
Que Niobe autrefois ſur la riue d'Ægée,
Par ſon geſte confus figurant ſon tourment,
Elle a tous nos eſprits ſaiſis d'eſtonnement;

C

Elle court sans dessein, & sa course rapide
Cent fois a fait trembler tout le Palais d'Alcide;
Elle renuerse tout, rompt tout, & souz ses pas,
La maison est estroite, & ne luy suffit pas;
Sa pasleur fait iuger du mal qui la possede,
La rougeur tost apres à la pasleur succede;
Elle verse des pleurs, & dans le mesme instant
Du feu sort de ses yeux qui les seiche en sortant;
En diuerses façons son visage s'altere,
De-moment en moment de soy mesme il differe;
Elle plaint, elle crie, & par tout sa fureur
Excite la pitié, la tristesse, & l'horreur :
Mais on ouure, c'est elle, â Dieux ! de quelle sorte,
Elle court furieuse, où sa rage la porte.

SCENE II.

DEIANIRE, LVSCINDE.

DEIANIRE, furieuse.

D'OV que de tes rayôs les Cieux soient éclairez,
Quelqu'endroit où tu sois en ces champs azu-
rez,
Espouse de Iupin, contente ma colere,
Ton interest est ioint à ma iuste priere.

O Iunon! perds ce traistre, enuoye vn monstre icy,
Qui te satisfaisant, me satisfasse aussi;
S'il est quelque serpent, horrible, espouuantable,
Capable d'estouffer ce vainqueur redoutable,
Et qu'à ceste action tu puisses prouoquer,
Qu'il vienne, qu'il paroisse, & qu'il l'aille attaquer.
Ou s'il n'est point de monstre assez fort pour ta haine,
Faits moy capable d'estre, & son monstre, & sa peine;
Change, si tu peux tout, ma figure, & ren moy
Telle qu'on peint l'horreur, & la rage, & l'effroy;
Pourquoy perds-tu du temps à tirer de la terre
Vn monstre necessaire à luy faire la guerre?
Pourquoy dans les enfers cherches-tu sans effect
Tout ce qu'ils ont de pire, & ce qu'il a deffait?
Si ie porte en mon sein dequoy te satisfaire,
Et si i'ay là dedans sa Parque, & son Cerbere,
Tu trouueras en moy les armes qu'il te faut,
Prepare seulement mon bras à cét assaut,
Qu'vne fois ceste main te soit officieuse,
Sers toy d'vne enragée, & d'vne furieuse.
Inspire moy Deesse, & m'enflame le sein,
Seconde ma fureur en ce iuste dessein,

LVSCINDE.

Madame, au nom d'Hymen, & par ses flames saintes,
Moderez vos ennuis, & reprimez ces plaintes;
Laissez à ces transports succeder le repos,
Paroissez Deianire, & femme d'vn Heros.

DEIANIRE.

Qu'Hercule me trahiſſe, & qu'Iole me braue!
Qu'vne ieune effrontee, vne inſolente eſclaue,
Dont le pere a ſuiuy ſes peuples déconfits
Vienne en ce lieu donner des freres à mes fils?
Et pour auoir charmé les yeux de ce perfide,
Soit fille de Iupin, & compagne d'Alcide?
Non, non, ie luy vendray mon honneur cherement,
Ou ie deſtourneray ce triſte euenement;
Qu'il diſpoſe des Cieux, & des Enfers enſemble,
Qu'au ſeul bruit de ſon nom toute la terre tremble,
Il excite en mes ſens vne rebellion,
Pire que ſes ſerpens, ſon hydre, & ſon lyon.
Vne captiue, ô Dieux! partagera ma couche?
Soüillé de ſes baiſers, il faut que ie le touche?
Il faudra que ie perde ou diuiſe ſon cœur,
Et les yeux d'vne eſclaue ont vaincu ce vainqueur?
Quand les monſtres laiſſoient ſa valeur endormie,
Voila qu'il ſe preſente vne pire ennemie;
Vne ſeule captiue en pouuoit triompher,
Et fait plus que le Ciel, & la terre, & l'enfer?
Ie ne daigne à mes yeux cacher ſa perfidie,
Et peut-eſtre en ſon cœur deſia me repudie.
O cruel deſeſpoir! ô ſenſible tourment!
Qui ne peut inuenter vn trop dur châtiment!
C'eſt trop deliberer, imagine vne peine,
Horrible, eſpouuantable, incroyable, inhumaine,

Que de toy, Iunon mesme apprenne à se vanger,
Et comment d'vn grand mal on se doit soulager.

LVSCINDE.

Dieux! que próposez vous? quel crime espouuanta-
ble?
D'vne telle fureur vostre esprit est capable?
En quels lieux incognus, ou du Ciel, ou du sort,
Cacheriez vous le bras autheur de cette mort?
Où vous souffriroit-on si chacun le reuere?
Et que feroit le foudre en la main de son pere?

DEIANIRE.

Ma peur ne rendra pas ce perfide impuny,
Si mon forfait est grand, mon mal est infiny.

LVSCINDE.

Le plus desesperé voyant la mort, recule,
Et vous mourriez, Madame,

DEIANIRE.

              ouy, mais femme d'Hercule,
Et mon œil de mes pleurs à chaque heure moüillé,
Ne verra pas mon lict honteusement soüillé;
I'esteindray de son sang, auec ses sales flames,
Les torches de l'Hymen qui ioignit nos deux ames;
S'il redoute l'effect du dessein que ie faits,
Qu'il adiouste ma mort au nombre de ses faits:

Qu'il croiſſe de ma perte encor ſa renommée,
Qu'au rang de ſes vaincus ſa femme ſoit nommée;
Ces membres denuez de ſang, & de vigueur
Mourant, embraſſeront la couche du vainqueur,
Pourueu que ceſte Eſclaue expire à la meſme heure,
Ie mourray ſans regret, pourueu qu'Iole meure;
On ſe perd doucement, quand on perd ce qu'on hait,
Et qui tuë en mourant, doit mourir ſatisfait.

LVSCINDE.

Hercule peut aymer ceſte ieune eſtrangere,
Mais bruſler ſeulement d'vne flamme legere,
Pour combien de beautez à t'il eu de l'amour?
Et pour combien auſſi n'en a t'il eu qu'vn iour?

DEIANIRE.

Sa main peut en cent lieux meſpriſer ſa conqueſte,
Mais ayant bien couru quelqu'vne enfin l'arreſte,
Ayant pour l'acquerir tant d'efforts entrepris,
Croy, croy, que ce vainqueur conſeruera ſon prix;
A ſes plus douces nuicts Iole eſt deſtinée,
Si ie ne diuerty ce fatal Hymenée.

LVSCINDE.

Imaginons d'ailleurs vn ſalutaire effet
Qui diſpenſe vos mains de tenter ce forfait;
Deſtournons le deſſein où ſon ardeur le porte
Ruinant par magie vne amitié ſi forte:

Ie cognois vn vieillard, dont les secrets diuers
Ont fait naistre des fleurs au milieu des hyuers;
Il trouble l'Ocean, il fait trembler la terre,
Il peut d'vn mot dans l'air arrester le tonnerre;
Il fait de cent rochers mouuoir les vastes corps;
Il brise des cercueils, & fait parler les morts,
Deffus tous les demons sa science preside,
Et ses enchantemens pourront toucher Alcide.

DEIANIRE.

Ha! quelle arme, Luscinde, & quel charme assez
  fort,
Peuuent sur son esprit faire vn vtile effort?
Il ne peut par ses vers finir mon infortune,
Quand il pourroit du Ciel faire tomber la Lune,
Et, pour faire vn miracle à nul autre pareil,
De son oblique cercle arracher le Soleil:
Mais apprend vn secret,

LVSCINDE.

quel?

DEIANIRE.

que ie te vay dire,
Et que dans ce besoin mon souuenir m'inspire,

LVSCINDE.

Dittes;

DEIANIRE.

escoute : mais c'est en ceste action
Que tu dois m'asseurer de ton affection.

LVSCINDE.

Madame, vsez en tout de toute ma puissance,
Quand ie pourray pour vous l'employer sans offence.

DEIANIRE.

Escoute ; souz le Temple, vn peu loing du Palais,
En vn lieu que le iour ne visite iamais,
Vaste, sombre, & profond, i'ay caché le remede,
Qui peut seul alleger le mal qui me possede;
Le sang d'vn monstre affreux qu'Hercule a combatu,
Conserué dans sa corne aura ceste vertu.

LVSCINDE.

De quel monstre?
DEIANIRE.

de Nesse; appren quelle aduanture,
De ce fameux Centaure a purgé la Nature;
Vn iour gaye, & l'esprit plus content que ialoux,
Ie suiuois en Argos cét infidele espoux,
Quand pensant approcher ce riuage d'Euene,
Ce fleuue débordé couuroit toute la plaine;
Nesse qui s'y trouua, nous voyant consulter,
Se vint en ce besoin offrir à me porter;

Il me

Il me met sur sa croupe, où sa course rapide
Me rend à l'autre bout, & m'esloigne d'Alcide;
Là ce monstre commence à benir son destin,
Vous serez, me dit-il, mon prix , & mon butin;
Ce grand, cét indompté, n'a plus de Deïanire,
Moy, ie crie à ces mots, ie pleure , ie souspire,
Mais il rit de mes pleurs, & mes gemissemens,
N'empeschent point sa course, & ses embrassemens;
Hercule qui nous voit escarter de la riue,
Quoy qu'il ne pût alors oüir ma voix plaintiue,
Recognut aisément son lubrique dessein;
Il crie, appelle, court ; mais il trauaille en vain,
Ce monstre esperoit bien par sa course legere,
Euiter les effects de sa iuste colere;
En fin, las de nous suiure, & le voyant voler,
Mes traits iront (dit-il) où ie ne puis aller ,
Ils t'osteront la vie, & ce que tu me voles,
Il eut tiré plustost qu'acheué ces paroles;
Et le monstre aussi tost blessé mortellement,
Ie ne pouuois (dit-il) mourir plus noblement;
Là de ses fortes mains vne corne il s'arrache,
Et pleine de son sang; tien (me dit-il) & tache
Vn de ses vestemens de ce sang precieux
S'il est iamais blessé d'autres que de tes yeux.
Il aura la vertu de te rendre son ame,
Et le fera brusler de sa premiere flame;
Des Mages ont prédit qu'au cœur le plus glacé,
Il pourroit; là sa vie, & sa voix ont cessé;

Il tombe, & ce grand corps couure vn si grand espace,
Que six hommes ensemble occupent moins de place;
I'ay gardé ce present, esprouuons s'il est tel,
Mouillons-en l'ornement qu'il doit prendre à l'Autel,
Ce sang qu'à la couleur : il pourroit recognoistre,
N'est plus qu'vne eau rougeastre, & qui n'y peut pa-
roistre.

LVSCINDE.

Essuyez donc ces pleurs, & forcez ces souspirs,
Allons, & que le Ciel seconde vos desirs.

SCENE III.

DEIANIRE, IOLE, ARSIDE'S, LVSCINDE.

DEIANIRE.

DIEVX! quel sort inhumain pour aug-
menter ma peine,
Presente à mes regards cét obiect de ma
haine?

IOLE.

Puis qu'à nos maux le Ciel refuse du secours,
Vostre interest, Madame, est mon dernier recours:

Destournez vostre affront, voila ceste captiue.
Qu'on est venu tirer de sa natale riue,
Aux despens de son bien, & de tout son bon-heur,
Et peut-estre aux despens, mesme de son honneur.
Puis qu'Alcide l'attaque auec tant de licence,
Que vous seule pouuez embrasser ma deffence;
Faites qu'Arcas & moy trouuions contre ses coups
Vn azile asseuré, pour vous mesme, & pour nous;
Rougissez de mon sang, plustost que de mon crime,
Ou que ie sois l'obiect d'vn courroux legitime;
Puis que mes pleurs sont vains, & mes cris superflus,
Qu'il me voye en estat de ne luy plaire plus;
Faites sa honte encor, & son horreur plus grande,
Vous mesme portez luy ce cœur qu'il me demande;
Forcez-le de rougir de sa desloyauté,
Et ie seray tenuë à vostre cruauté.

DEIANIRE.

Tu crois par ces discours, imprudente, effrontée,
Prouuer que vainement il t'ait sollicitée;
Il te donne des vœux, il daigne de te voir,
Et tu veux sur sa honte establir ton pouuoir;
Tu ne partages pas ceste ardeur qui le brusle,
Il te faut Iupin mesme, & c'est trop peu d'Hercule!

IOLE.

O Ciel! peux-tu souffrir les ennuis que ie sens,
Si tes yeux sont ouuerts dessus les innocens?

D ij

DEIANIRE.

O ! l'innocente humeur, ame double & traistresse,
Tu portes sans orgueil le nom de sa Maistresse?
Et tu n'achetes pas d'vn amour infiny
L'honneur de voir ton sort, à son destin vny?
Pour vne indifferente, Alcide se captiue?
Il souffre des refus, & sa flame est oysiue?
Ne ioins plus insolente à l'impudicité
Ces mespris orgueilleux, & ceste vanité,
Immole à ce brutal le plus beau de ton aage,
Triomphe à mes despens de cét esprit volage,
Voy ce lasche vainqueur à ton pouuoir sousmis:
Mais ne me fay point voir au moins mes ennemis,
Rends par eux seulement ta victoire certaine,
Tous tes regards ensemble y suffiront à peine:
Ton visage qu'il prise est horrible à mes yeux,
I'appelle mes demons, ce qu'il nomme ses Dieux;
Nous trouuons ton abord differemment funeste;
Luy comme vn doux poison, & moy comme vne peste,
En ce qui m'espouuante ie trouue des appas.

Elle s'en veut aller.

IOLE pleurant, & la retenant.

Madame !

DEIANIRE s'en allant.

Arreste infame, & ne suy point mes pas.

IOLE seule auec Arsidés.

O Ciel ! ô terre ! ô Dieux! quelle est mon infortune?
Que ie serue d'obiect à leur plainte commune;
Ie deplais pour trop plaire; & contre mon souhait
Ie voy que l'vn m'adore, & que l'autre me hait;
Leur haine, & leur amour egalement m'outrage;
L'vne plaint son affront, l'autre plaint son seruage,
Tous deux sur mon honneur font vn iniuste effort,
L'vn le veut estouffer, & l'autre le croit mort;
De ma perte dépend leur commune allegeance;
L'vn prepare le crime, & l'autre la vengeance,
Iole triste obiect, & de haine, & d'amour,
Entre ces ennemis tu conserues le iour ?
Tu differes la fin d'vne vie importune,
Et n'oses t'affranchir de mille morts, par vne ?
Veux-tu point voir Arcas à tes yeux égorgé?
Attends-tu qu'en son sein le poignard soit plongé
Et qu'il soit le butin d'vne aueugle puissance,
Non pas pour ses forfaits, mais pour ton innocence,
Mon honneur seulement causera son trespas;
Et le crime qu'il fait, c'est que ie n'en fais pas;
Arcas, Roy de mes vœux, & de mes destinees,
Agreable enchanteur de mes ieunes annees,
Qu'ay-ie à deliberer en ce peril pressant ?
Visitons Arsidés, cét esclaue innocent.

ARSIDE'S.

Si parmy ſes ennuis on le peut recognoiſtre,
Cét obiect de vos vœux paroiſt à la feneſtre
Voila ce beau captif de tant d'yeux adoré,
Comme dans ces priſons, ſon teint s'eſt alteré.

SCENE IV.

ARCAS, IOLE, ARSIDE'S.

ARCAS.

EST-CE vous mon Soleil: quelle heureuſe
    nouüelle
Receuray-ie auiourd'huy d'vne bouche ſi
    belle?
Que vient-elle annoncer au mal-heureux Arcas?

IOLE.

La mort,

ARCAS.

Et qui ſera l'autheur de mon treſpas.

IOLE.

Moy mesme,

ARCAS.

aduancés donc, agreable meurtriere,
A cét heureux dessein, ioindray-ie la priere ?
Que vos beaux yeux soient las de me voir endurer,
C'est prolonger ma mort, que de la differer,
Puisque i'ay commencé d'abandonner la vie,
Depuis qu'à mon espoir, Iole fut rauie;
Depuis que sous Alcide il languit abbatu,
Et qu'vn vice puissant tient titre de vertu;
Vn tyrannique empire, vn grand meurtre, vn beau
   crime,
Vne belle iniustice, establit son estime,
Toute la Thessalie en parle auec transport,
Non parce qu'il fait bien, mais parce qu'il est fort.
Iole tirez donc des mains de ce barbare
Celuy qui vous aima d'vne amitié si rare;
Executez sur moy ce bien-heureux dessein,
Ie baiseray le fer qui m'ouurira le sein;
C'est ne me perdre pas, que me sauuer d'Alcide;
Et c'est m'aimer beaucoup, qu'estre mon homicide.

IOLE.

N'appelle, cher Arcas, dessein, ny cruauté,
Le mal-heureux effect d'vne fausse beauté;

Ce vainqueur insolent à sa brutale enuie
Veut demain immoler mon honneur, ou ta vie,
Sçachant que pour toy seul ie conserue ma foy,
Il croit que ma vertu n'a point d'appuy que toy,
Et qu'elle doit tomber aussi tost que mes larmes,
Quand tu rendras l'esprit sous l'effort de ses armes.

ARCAS.

O quel est mon bon-heur ! qu'en ceste extremité
Ma mort soit vne preuue à vostre honnesteté :
Madame, qu'à l'instant de ceste fin sanglante,
De fers, ny de bourreaux, vostre œil ne s'espouuante,
Apprenez par ma force, à ne vous plaindre pas,
Songez à ma constance, & non à mon trespas,
Monstrez vn grand courage en vn mal-heur extreme,
Et voyez mon tourment de mesme œil que moy mesme.

IOLE,

Non, iamais sur ton corps mes yeux ne pleureront,
Et mes mains, cher Arcas, les en dispenseront.
Alcide espere en vain, quelque effort qu'il propose,
Et qui sçait bien mourir, sçait vaincre toute chose,
Adieu, si par ma mort ce tyran ne se rend,
Et si tu dois mourir, nomme Iole en mourant,
Là bas si ie t'ay pleu, mon ame bien plus belle,
Te rendra de ses vœux vn conte si fidelle,
Que tu n'auras obiect, ny plus cher, ny plus beau,
Et que tu beniras mesme nostre bourreau.

ACTE

ACTE TROISIESME.

SCENE PREMIERE.

Le Temple s'ouure.

HERCVLE au Temple.

PHILOCTETE, AGIS, LYCHAS,

HERCVLE.

Nfin, maistre d'Iole, & vainqueur d'Oe-
chalie,
Où de si dignes faits ont ma gloire esta-
blie;
Où comme en tout le monde Hercule est reueré,
Où mesme des vaincus mon nom est adoré;
Mon pere qui guida mes armes legitimes,
Attend de mon deuoir des vœux, & des victi-
mes,

E

Que le Taureau soit prest, quand i'auray dans les
    Cieux,
Pouſſé le zele ſainct d'vn cœur deuotieux,
Entretenez d'encens, ceſte ſaincte fumée,
Tant que ſoit par le feu, l'offrande conſumée,

hiloctete. *Toy ceints de ce rameau ton front maieſtueux,*
Et preſte à ce deuoir vn œil reſpectueux.

PHILOCTETE.

Priez que le repos couronne le merite,
Qu'enfin de vos trauaux la borne ſoit preſcrite,
Et que la terre en vous comprenant tous ſes Rois,
D'vn zele general ſe range ſous vos loix,

HERCVLE.

Oyez ſi mon eſprit conçoit vne priere,
Sçeante dans ma bouche, & digne de mon pere.

ſe meſtent
us à genoux. *Que ce globe azuré ſoit conſtant en ſon cours,*
Qu'à iamais le Soleil y diuiſe les iours,
Que d'vn ordre eternel, ſa ſœur brillante & pure,
Aux heures de la nuict eſclaire la Nature,
Que la terre donnee en partage aux humains,
Ne ſoit iamais ingratte au trauail de leurs mains,
Que le fer deſormais ne ſerue plus au monde,
Qu'à coupper de Cerés la cheuelure blonde
Qu'vne eternelle paix regne entre les mortels,
Qu'on ne verſe du ſang que deſſus les Autels,

Que la mer soit sans flots, que iamais vent n'excite
Contre l'art des Nochers le courroux d'Amphitrite,
Et que le foudre en fin demeure apres mes faits
Dans les mains de mon pere vn inutile faix.

Se leuant, il dit.

Mais quelle prompte flame en mes veines s'allu-
me?
Quelle soudaine ardeur iusqu'aux os me consume?
Quel poison communique à ce linge fatal
La vertu qui me brusle? ô tourment sans égal!
Ouure Enfer à mes cris tes cauernes profondes,
Preste contre ce feu, le secours de tes ondes;
Souffre Alcide là bas, non pas comme autrefois
Pour desarmer la Parque, & ruiner ses loix,
Mais Alcide souffrant d'insupportables peines,
Et qui porte desia les Enfers dans ses veines;
Quoy? ce linge bruslant, d mon corps attaché,
Par mes propres efforts n'en peut estre arraché?
De moment en moment ce poison deuient pire?
O rage! ô desespoir! ô sensible martyre!

PHILOCTETE.

Quel est cét accident?

HERCVLE.

toy funeste porteur,
De ce present fatal, apprend moy son autheur;

E ij

De qui l'as-tu receu?

LYCHAS.

ie le tiens de la Reine.

HERCVLE.

Ta mort sera ton prix, lâche objct de ma haine,
Vn traistre ne pourra se vanter vn moment
D'auoir fait endurer Alcide impunément.

Il prend sa massuë, & court apres Lychas.

Agis le suit.

PHILOCTETE seul.

Dieux! par quel accident, par quel mal-heur estrange,
L'implacable Iunon, sur Hercule se vange?
En toute occasion, à toute heure, en tout lieu,
Que n'a-t'elle tenté contre ce demy-Dieu?
Il ne peut euiter son aueugle colere,
Et porte le peché des amours de son pere:
Mais luy mesme est coulpable, & sa desloyauté
Aura porté la Reine à cette cruauté,
La ialousie est pire en vn ieune courage,
Que monstres, que serpens, que pestes, & que rage,
Et la mort qui suiura ce poison vehement,
Sera le triste effect de son ressentiment.

SCENE II.

HERCVLE, AGIS le suiuant,

PHILOCTETE.

HERCVLE, laissant tomber sa massuë.

AY d'vn rapide cours, Prince de la lu-
miere,
A tes cheuaux ardans rebrousser leur
carriere,
Qu'vne ombre generale obscurcisse les airs,
Et ne fay point de iour, alors que ie le perds.

AGIS.

O Ciel !

HERCVLE.

Alcide meurt sans qu'en ceste aduenture,
Le cahos de retour confonde la Nature !
La terre en cét effort, est ferme souz mes pas !
Les Astres font leur cours ! Le Ciel ne se rompt pas !
Voy Iupin les effects d'vn poison homicide,
Tu perds ta seureté, lors que tu perds Alcide,

E iij

La Theſſalie encor peut fournir des Titans
Capables d'eſtonner tes plus fiers habitans,
De nouueaux Gerions, & de nouueaux Typhées
Peuuent à tes deſpens s'acquerir des trophées,
Encelade fendra ce penible fardeau
Qui luy ſeruit d'eſchelle, & depuis de tombeau;
Si tu ſçais la terreur que mon nom ſeul leur donne
Iuge, combien ma mort esbranle ta Couronne,
Preuien auec honneur, ce honteux accident,
Romps ce qu'on t'oſteroit, perds tout en me perdant,
Reſpands ſur l'Vniuers le mal qu'il te prepare,
Trouble les Elemens, tonne, eſpuiſe Lypare,
Fay voir le Monde en feu de l'vn à l'autre bout,
Et ne fay qu'vn braſier, mais qui conſomme tout.

PHILOCTETE.

Mais vous, puis qu'en vous ſeul noſtre ſalut ſe fon-
    de,
Conſeruez vous pluſtoſt pour conſeruer le Monde;
Et cherchez dans le ſein de ce moite Element
A ceſte extreſme ardeur quelque ſoulagement.

HERCVLE.

Ce fleuue m'a receu dans ſes grottes profondes,
Mais autour de mon corps i'ay veu bouillir ſes ondes;
Et ce braſier eſt tel, dont ie me ſens attaint,
Qu'il peut tout enflammer, & que rien ne l'eſteint.

I'ay du fang de Lychas ces flammes arrofees:
Mais i'ay fur moy, fans fruict, fes veines efpuifees,
Et ce tourment qu'vn Dieu ne pourroit fupporter
S'accroift par le fecours que i'y veux apporter.
Moy, qui d'vn feul regard fay trembler les Monar-
    ques,
Qui force les Enfers, qui defarme les Parques,
Qui fus toufiours vainqueur, ie fuccombe à mon
    tour,
Et ce n'eft pas vn fer qui me priue du iour!
Pour fauuer du mefpris ma conftance abbatuë,
Ie ne puis exalter l'ennemy qui me tuë;
Ie combats fans effect d'inuifibles efforts,
Et ce n'eft pas vn mont qui m'efcrafe le corps.
Ie me fents eftouffer, ie ren l'ame, & ma foffe
N'eft pas fouz Pelion, fouz Olimpe, ou fouz Offe.
Ie doute de quel traict la mort touche mon cœur,
Ie me trouue vaincu fans fçauoir mon vainqueur,
Et ie meurs, ô mal-heur! fur tous incomparable,
Sans pouuoir en ma mort faire vn coup memorable;
O Ciel! O Dieux cruels! O feuere deftin!
O d'vne belle vie, honteufe & lâche fin!
Vne femme fans plus fera victorieufe
D'vne fi noble vie, & fi laborieufe!
S'il eftoit refolu par les arrefts du fort
Que ce fexe impuiffant fuft autheur de ma mort,
La haine de Iunon deuoit m'eftre funefte;
C'eft vne femme auffi, mais fon eftre eft celefte.

Au lieu que ie peris , non contre ſon ſouhait,
Mais par vne autre qu'elle , & meſme qu'elle hait.
Peux-tu , foible Iunon , vanter ceſte iournee?
Et voir d'vn œil content finir ma deſtinee?
Vne autre a ſur ma perte eſtably ſon bon-heur,
Vne mortelle main ; t'a rauy cét honneur,
Vne femme à ta honte accomplit ſon attente,
Sa haine à ſon effect , la tienne eſt impuiſſante.

AGIS.

O Cieux ! quel changement, quelle noire couleur
Deſſus ce front mourant figure ſa douleur ?
Acquerez, grand Heros vne derniere gloire,
Vous aurez tout vaincu gaignant ceſte victoire,
Par l'air , la terre , & l'onde , aſſailly vainement,
Il vous reſte à dompter le dernier Element,
Vn repos glorieux ſuiura ce long martire,
Et vous auez vaincu quelque choſe de pire.

HERCVLE.

Pleut à mon pere, helas ! que ce mal-heureux corps
Du Lyon de Nemeé euſt ſenty les efforts ?
Que ne fut-il en proye au portier de l'Auerne,
Ou que n'expira-t'il ſouz le ſerpent de Lærne ?
Que n'on tant de Geans accourcy mon deſtin?
Que d'vn Centaure affreux n'ay-ie eſté le butin?
Que differoit l'amour quand elle eſtoit ſi belle ?
Noble elle me fuyoit, honteuſe elle m'appelle,

Parmy

Parmy de beaux dangers elle éuitoit mes pas,
Afin de me priuer d'vn glorieux trespas.
Vne femme execute, où Iunon delibere,
Elle est pire que l'Hydre, & pire que Cerbere?
Ie meurs, & sans mourir, elle verra ma mort?
Et i'espargne contr'elle vn legitime effort.
Ha! c'est trop consulter, cours mal-heureux Alci-
de,
Et pour dernier exploict, deffaits ton homicide,
Mange son cœur jaloux, boy son perfide sang,
Et qu'entre tes vaincus elle ait le premier rang.

SCENE III.

DEIANIRE, LVSCINDE.

DEIANIRE.

LVSCINDE, quel effroy? quelles
cruelles peines?
Quelle horrible frayeur se glisse dans mes
veines?
Quel trouble? quelle horreur me dresse les cheueux?
Chaque instant m'est vn iour, tout obiect m'est hideux.

Mon cœur espouuanté, tremble, fremit, s'altere,
Ceste frayeur en moy court d'artere en artere,
Et dans ce changement mon corps intemperé,
Ne sent iointures, os, nerf, ny muscle asseuré;
O d'vn grand accident infaillible presage!
O vent impetueux, signe d'vn grand orage!
Quand le Ciel vne fois attaque vn grand destin,
Il presse rarement, qu'il n'estouffe à la fin;
Les plus grands à ses coups, sont de plus grandes bu-
      tes,
Et les plus hauts Palais, sont les plus lourdes cheu-
      tes.

LVSCINDE.

O Dieux! quel fondement, quels sujets si pressans?
Quel effroy si soudain altere ainsi vos sens?

DEIANIRE.

Las! appren en deux mots quelle crainte me presse,
Ie crains que le present taché du sang de Nesse
A ce vaillant Heros communique vn poison,
Qui cause le debris de toute sa maison.
Lors que ie t'ay quitée, & Lychas qui le porte,
Vne obscure fumée au milieu de la porte,
M'a fait baisser la veuë, & i'ay veu sur le sueil,
(O prodige! ô spectacle! espouuantable à l'œil)
Sous deux goutes de sang par hazard repanduës
Du bois se consumer, & des pierres fenduës;

L'air en eſtoit obſcur, la terre en eſcumoit,
Le fer en eſtoit chaud, & le bois en fumoit :
Mais ce valet qui ſuit vne incertaine route,
Et qui marche à grands pas me tirera de doute.

SCENE IV.

AGIS, DEIANIRE, LVSCINDE.

A G I S.

ALLEZ, courez, fuyez, & quoy, Ma-
dame ? ô Dieux !
Apres cét accident vous reſtez en çes
lieux !
Helas ! ſi quelque route en ce danger extreme
Va plus loing que la terre, & que l'Erebe méme,
Et dont Hercule encor n'ait aucun ſouuenir,
Courez, c'eſt le chemin que vous deuez tenir.

DEIANIRE.

O trop iuſte frayeur ! ô ſenſible eſpouuante !
Parle, quel accident menace vne innocente ?

F ij

AGIS.

Ce glorieux Heros, l'honneur de l'Vniuers,
La gloire, & la terreur de ce fiecle peruers?
Qu'en la place du Dieu qui lance le tonnerre,
Le deftin des mortels auoit mis fur la terre.

DEIANIRE.

Et bien?

AGIS.

il ne vit plus,

DEIANIRE.

Comment, Hercule eft mort?

AGIS.

Vne heure, ou moins de temps acheuera fon fort.
Il meurt par vn poifon dont la vertu funefte
Aura bien toft efteint la vigueur qui luy refte,
Sa chemife cachoit ce poifon dangereux,
Dont vne telle perte eft l'effect mal-heureux.
Il fe voit confommer, & n'a plus de courage
Que pour voftre ruine, & pour feruir fa rage,
Il court dans le Palais, & s'il atteint vos pas,
Tout le monde affemblé ne vous fauueroit pas,
Lychas dont il a pris la chemife fatale,
Defia priué du iour dans l'Erebe deuale,

Il pleure, il tonne, il peste, & ses cris furieux,
Percent iusqu'aux Enfers, & montent iusqu'aux
    Cieux.

DEIANIRE.

Hercule va quiter sa dépoüille mortelle,
Et tu consultes lasche apres cette nouuelle?
Hercule va mourir, & ce coulpable sein
Ne peut former encor qu'vn timide dessein;
Que differe mon bras, & que tarde vne espée,
D'estre en ce lasche cœur iusqu'aux gardes trempée;
Ceste main, ceste main, a donné le poison,
Le fils de Iupiter meurt par ma trahison;
Ses yeux perdent le iour, & moy ie le respire,
La main qui tuë Hercule, espargne Deianire.
Toy son pere, & son Dieu, iette les yeux icy,
Et puisque tu peux tout, sois son vangeur aussi;
Frappé ce lasche sein du trait de ton tonnerre
Le plus fort que iamais tu dardes sur la terre;
Et dont le pire monstre auroit esté vaincu,
Si pour te soulager, Alcide n'eust vescu;
Lance dessus mon chef le mesme traict de foudre
Dont de tant de Geans tu fis si peu de poudre,
Ou celuy qui causa le funeste accident,
D'vn qui voulut du iour mener le char ardent;
Mais que veux-ie du Ciel; quoy! la femme d'Her-
    cule
Au chemin de la mort, est timide, & recule,

Elle implore des Dieux le moyen de mourir,
Et de sa propre main ne se peut secourir?
Lâche ie permettray qu'on m'impute le blasme
Qu'Hercule ait vn vangeur plus zelé que sa fem-
    me :
Non, non, si souz le fer ce bras est engourdy,
Si pour fendre ce flanc il n'est assez hardy,
Que de ceste montagne à tant d'autres fatale
Ce corps precipité iusqu'aux enfers deualle ;
Que mon sang sur ce mont fasse mille ruisseaux,
Qu'à ces pierres mon corps laisse autant de morceaux,
Qu'en vn endroit du roc, ma main reste penduë,
Et ma peau déchirée, en d'autres estenduë,
Vne mort est trop douce, il la faut prolonger,
Et mourir d'vn seul coup, c'est trop peu le vanger.

LVSCINDE.

Quittez en ce besoin, ces regrets & ces plaintes,
Euitez de son bras les mortelles atteintes,
Ne vous consommez point d'vn inutile ennuy,
Sauuez, en le perdant, quelque chose de luy :
Hylus l'ayant perdu, qu'il luy reste vne mere,
Sauuez vous pour le fils, de la fureur du pere,
Cherchons vn antre affreux, où iamais le Soleil.

DEIANIRE.

O timide dessein ! ô friuole conseil !

Preuenons bien pluſtoſt qu'euiter ſa venuë,
Expoſons luy ce ſein, & ceſte gorge nuë,
Des monſtres furieux il a borné le ſort,
Et n'auroit pas vaincu la cauſe de ſa mort.
O traiſtre ſang de Neſſe ! ô femme trop credule!
De ne ſoupçonner pas vn ennemy d'Hercule !
I'ay creu pour ſon mal-heur ce Centaure inhumain,
Et i'ay pris des preſens de ſa barbare main.

LVSCINDE.

Quoy ! voulez vous traiſner en ce mal-heur funeſte
Toute voſtre famille, & tout ce qui vous reſte?
Pourquoy de tant de coups meurtriſſez vous ce ſein?
Celuy ne peche pas, qui peche ſans deſſein.

DEIANIRE.

O friuole raiſon ! en vn malheur ſemblable,
La plus pure innocence eſt encor trop coupable;
Au lieu que ton eſprit eſt touché de mon mal,
Tu deurois en mon ſein porter le coup fatal,
Que tarde mon treſpas? que la terre troublee,
Ne fait de tout le monde vne ſeule aſſemblee,
Et qu'en mille morceaux ne vient-on déchirer
Les membres de ce corps, ſi digne d'endurer;
Que chaque nation à l'enuy me puniſſe,
Toutes ont intereſt en mon iuſte ſupplice,
Elles n'ont plus d'appuy, de Roy, de Protecteur,
Et de cét accident, mon bras ſeul eſt autheur.

Elle de

Ha! ie deſcouūre enfin l'appareil de ma perte,
D'affreuſes legions la campagne eſt couuerte,
Le iuſte bras du Ciel ſur ma teſte deſcend,
Les enfers vont s'ouurir, & la terre ſe fend;
Deſia Megere ſort, & ſes noires couleuurès
Vont adiouſter ma perte à leurs tragiques œuures;
Que faut-il? Ce Heros ne veut-il que mon ſang,
Il eſt preſt à ſortir, picquez, percez ce flanc:
Mais quel Dieu? quel Demon? ou quel bras redouta-
     ble,
Lance contre mon chef ce roc eſpouuantable;
A ce coup, à ce coup, ie vay perdre le iour,
Pardon, mon crime, ô Ciel? n'eſt qu'vn crime d'a-
     mour:
Mais que dis-ie, ma mort eſt encor incertaine?
Et ie veux differer vne ſi iuſte peine;
Non, non, ces ennemis ont vn courroux trop lent,
Ie ſçauray bien mourir d'vn coup plus violent;
La main qui tuë Hercule, eſt aſſez genereuſe,
Pour ne rebrouſſer pas contre vne mal-heureuſe;
Allons de mille coups ſur ce coulpable corps,
Reparer vne mort pire que mille morts.

LVSCINDE.

Dieux! comme furieuſe, & comme abandonnée,
Elle cherche où finir ſa triſte deſtinée.
O Ciel! ô iuſtes Dieux! deſtournez ſon treſpas;
Mais elle eſt deſia loin, courons, ſuiuons ſes pas.

ACTE

ACTE IIII.

SCENE PREMIERE.

HERCVLE, PHILOCTETE.

HERCVLE.

DONC ton fils ô Iupin! mourra fans l'al-
legeance,
De tirer de fa mort vne iufte vangean-
ce?
Donc ma meutriere vn iour pourra fur mon cercueil
Publier fa victoire, & fonder fon orgueil?
Ialoufe quel endroit à ma fureur te cache,
Ton crime feroit beau s'il n'eftoit vn peu lafche,
Et l'on t'attribuëroit l'honneur de mon treſpas,
Mais tu portes le coup, & tu ne parois pas.

G

O tourment sans pareil! ô desespoir! ô rage!
O mal plus fort qu'Alcide, & plus que son courage;
Peuples que i'ay seruis, Rois que i'ay protegez,
Enfers que i'ay vaincus, Dieux que i'ay soulagez,
Pouuez vous auiourd'huy d'vn œil assez humide
Voir en ce triste corps ce qui reste d'Alcide,
Et de ce qu'il estoit faire comparaison
D'où me naist ceste peste? & quel est ce poison?
Cerbere l'a versé, iadis ce monstre esclaue
Fit escumer icy sa venimeuse baue,
Ou c'est du sang mortel qui de l'Hidre jallit,
Et que ce traistre esprit peut-estre recueillit;
De mes nerfs les plus forts ceste peste dispose,
Et presque à mes regards mes entrailles expose;
Moy mesme ie m'ignore en ce triste accident,
Et ce qui fut Alcide est vn bucher ardent.

PHILOCTETE.

Que ne m'est ce poison également funeste,
Que ne puis-ie auec vous partager ceste peste,
Ou que par mon trespas, ne puis-ie à l'Vniuers
Conseruer le vangeur de ce siecle peruers?

HERCVLE.

Est-ce donc là ce bras dont les faits sont si rares?
Ce vainqueur des tyrans, cét effroy des barbares,
Ce fleau de reuolte, & des rebellions,
Ce meurtrier de serpens, ce dompteur de lyons;

Suis-ie ce mesme Alcide ? ay-ie de ces espaules
Pour le secours d'Atlas, soustenu les deux Poles ;
Resisterois-ie encor à ce faix glorieux,
Et parois-ie en ce point estre du sang des Dieux ?
Non, non, par ceste mort qui borne ma puissance,
Vn mortel sera creu l'autheur de ma naissance,
Et ceux qui m'adoroient, m'estimeront en fin
Le fils d'Amphitrion, & non pas de Iupin.
O cruelle douleur ! ô tourment ! ô martyre !
Ce lieu brusle desia de l'air que i'y respire;
La place autour de moy fume de toutes parts,
Et ces humides fleurs seichent à mes regards;
Tranchez cruelles sœurs ceste fatale trame
Qui ne peut consommer, qui resiste à la flame;
Acheuez de mes iours le penible fuseau,
Et de toutes vos mains pressez-y le cizeau;
Ie ne troubleray point vos tenebreuses riues.
O remede trop lent ! ô filles trop tardiues !
Quoy ? mon mal par la mort ne peut estre allegé,
Et pour ne mourir point il faut viure enragé?

PHILOCTETE.

Iusqu'au dernier souspir ce grand cœur doit paroi-
stre,
Soyez, soyez, Alcide, en finissant de l'estre
Monstrez vn esprit fort en vn corps abbatu,
Et que vostre douleur cede à vostre vertu.

HERCVLE.

D'vn regard de pitié daigne percer la nuë,
Et sur ton fils mourant arréste vn peu ta veuë;
Voy Iupin que ie meurs, mais voy de quelle mort,
Et donne du secours ou des pleurs à mon sort.
I'ay tousiours deu ma vie à ma seule deffence,
Et ie n'ay point encor imploré ta puissance :
Quand les testes de l'Hydre ont fait entre mes bras
Cent replis tortueux, ie ne te priois pas;
Quand i'ay, dans les Enfers, affronté la mort mesme,
Ie n'ay point reclamé ta puissance supréme;
I'ay de monstres diuers purgé chaque Element,
Sans ietter vers le Ciel vn regard seulement;
Mon bras fut mon recours, & iamais le tonnerre,
N'a quand i'ay combatu grondé contre la terre;
Ie n'ay rien imploré de ton affection,
Et ie commence, helas? ceste lasche action;
Aux prieres en fin ce feu m'a fait resoudre,
Et pour toute faueur i'implore vn coup de foudre;
Soit qu'à ce mal-heureux tu sois cruel, ou doux,
Ta haine, ou ta faueur paroistront en tes coups;
Haste donc cét exploict, & deuance la Parque;
Qué sur elle ton bras ait ceste illustre marque:
Ou s'il t'est trop amer de foudroyer ton fils
Du bras dont les Titans autresfois tu deffis;
Si tu crains que ton nom soit taché de ce blasme;
Que ce traict soit lancé par la main de ta femme,

Qu'elle obtienne l'honneur qu'elle a tant souhaité,
Et que par ses efforts Hercule soit dompté.

SCENE II.

ALCMENE, HERCVLE, PHILOCTETE.

ALCMENE.

OILA donc ce vainqueur de la terre &
    & de l'onde;
O cruel changement ! ô douleur sans se-
    conde !
O d'vn jaloux soupçon espouuantable effect,
Et pareil au rapport qu'Agis nous en a faict.

HERCVLE.

Voyez où m'a reduit cét accident funeste,
Voyez de vostre fils le déplorable reste;
Contemplez le present que vous tenez des Cieux?
Pourquoy de cét obiect destournez vous les yeux?
Est-ce que vous feignez d'ignorer ma naissance?
Ou qu'à ce nom de fils vostre oreille s'offence,
Cessant d'estre indomptable, & d'estre triomphant,
N'aurois-ie point cessé d'estre aussi vostre enfant?

ALCMENE pleurant.

Quel Cerbere nouueau? quel monstre Acherontide?
Quel Lion? ou quel Hidre? a triomphé d'Alcide.

HERCVLE.

Vn monstre furieux, inuincible, sanglant,
Et de tous le plus fort, & le plus violent.

ALCMENE.

Mais quel?

HERCVLE.

La ialousie:

ALCMENE.

ô fureur insensee!
Qu'à d'estranges desseins tu portes la pensee?
O detestable femme! ô lasche trahison!

HERCVLE.

Alcide a vaincu tout, & cede à ce poison:
Ce feu ne cesse point, la toille qu'il allume,
Attachee à ce corps, auec luy se consume:
En vain tout mon effort s'employe à l'arracher:
Voila le sort du fils que vous eustes si cher.

ALCMENE.

O deplorable fort!

HERCVLE.

Impuiſſant Dieu des ombres,
Vieux Monarque des morts, Roy des demeures ſom-
bres;
Laſche que i'affrontay iuſqu'aux creux des Enfers,
Qu'apprehendoit ton peuple, & que faiſoient tes
fers?
Que n'as-tu retenu ſur tes affreuſes riues,
Ce corps qui iuſqu'à toy pouſſe ces voix plaintiues;
Ouure encor à mes cris ton horrible manoir,
Et fay qu'en cét eſtat l'enfer me puiſſe voir;
La mort ne craindra plus que ce bras la ſurmonte,
Et ma confuſion diſſipera ſa honte.
Quoy! le monde & l'enfer, tout eſt ſourd à mes cris!
O pitié trop cruelle! ô barbares eſprits!
Terre, ingrat Element, dont i'ay purgé les vices,
Qu'vn de tes habitans paye tant de ſeruices;
Qu'il tente ſur ma vie vn pitoyable effort,
Pour prix de tant d'exploicts, ie ne veux que la
mort;
Suſcite vn Gerion, fay paroiſtre vn Typhée,
Mais ie ſens par le feu ma voix meſme eſtouffée;
Et ce corps dénué de ſang, & de vigueur
Apres tant de tourment ſuccombe à ſa langueur,

Il tombe c
me euano

ALCMENE.

Mon fils, ô Ciel! ô Dieux! ceste extréme foiblesse
Prouue l'extreme effort de l'ardeur qui le presse;
Son sein est trauaillé d'vn cruel battement,
Et l'air luy donne à peine vn peu d'allegement;
Ciel soy nous fauorable, & soulage sa peine,
Oblige l'Vniuers, en obligeant Alcmene;
Conserue son vangeur, son Prince, & son appuy,
Et bornant ses douleurs termine mon ennuy.

PHILOCTETE.

Madame, reprimez ces plaintes inutiles,
Et laissez du repos à ces membres debiles,
Sa guerison, peut-estre, apres ce long tourment
Suiura selon nos vœux, cét assoupissement;
Mais il leue desia sa teste, lourde & lasse,
Son trauail recommence, & son repos se passe.

HERCVLE.

Que vois-ie? en quel païs aux mortels inconnu,
Et si plaisant aux yeux Hercule est-il venu?
Quel fauorable sort a finy mes desastres,
Et m'a fait obtenir vn rang entre les Astres;
O diuin changement! ô miracle diuers!
Mon pere à ma venuë accourt les bras ouuerts;
Tout me rit, & Iunon, par ma mort assouuie,
M'offre le vin qui donne vne eternelle vie;

Ie voy

Ie voy sur le Soleil, & plus haut que le iour,
Le Palais de mon pere, & son Trosne & sa Cour;
Suiuez Globes d'azur vostre course rapide,
Et que toute clarté cede à celle d'Alcide,
Que ces feux eternels d'eux mesmes impuissans
Empruntent leur ardeur de celle que ie sens;
Mais de quel ombre, ô Ciel! ces clartez sont sui-
    uies?
Quelle nuict m'a si tost ces merueilles rauies?
O Dieux! tout mon bon-heur s'efface en vn mo-
    ment!
Et ie retombe enfin en ce triste Element,
Ie reuoy ces forests, & la fatale plaine
Où ce mortel poison a commencé ma peine;
O douleur infinie! ô dure cruauté!
Que doit resoudre Alcide en ceste extremité?
Dequoy se peut nourrir ceste flame cruelle?
Ce corps est espuisé de sang, & de moëlle,
Et ce mal toutefois deuient plus furieux!
O tourment trop sensible! ô rage! ô Ciel! ô Dieux!

ALCMENE à PHILOCTETE.

Helas! suiuez ses pas,

HERCVLE.

                    dans le sein de Penee.
Courons precipiter ceste ardeur obstinee,

H

Tentons vne autre fois la faueur de son eau,
Qu'il me soit fauorable, ou qu'il soit mon tombeau.

Il sort.

ALCMENE.

Alcmene infortunée, en quel endroit du monde
Iras tu regretter ta perte sans seconde?
Que deuiendront les noms qu'on te donne en ce lieu,
De mere d'vn Heros, & d'amante d'vn Dieu?
Voyant sous vn tombeau ces muettes reliques,
Qui te donnera plus ces titres magnifiques?
Quels si religieux priront à son Autel,
Et qui ne dira pas qu'il estoit vn mortel?

SCENE III.

AGIS, ALCMENE.

AGIS.

Maison desolee! ô perte deplorable!
Credule Deianire! & Nesse detestable.

ALCMENE.

Quel tourment viens tu ioindre à mes autres douleurs?

Et quel nouueau mal-heur me demande des pleurs?

AGIS.

Deianire à nos yeux mal-gré noftre deffence,
D'vn ruiffeau de fon fang a laué fon offence.

ALCMENE.

Son fupplice eftoit iufte, & mon œil ne peut pas
Refufer toutefois des pleurs à fon trefpas;
Puifque tu fus prefent à la fin de fa vie,
Dy moy de quelle forte elle fe l'eft rauie.

AGIS.

Quand elle a fceu par nous l'accident mal-heureux
Qui fur Alcide exerce vn mal fi rigoureux,
Cefte femme auffi toft furieufe, enragee,
De cent coups inhumains a fa face outragee,
Et fes yeux pleins de feu vers les Aftres portez,
Ont groffi d'vn torrent de pleurs qu'elle a iettez;
Comment (a-t'elle dit) quand il ceffe de viure
Ie refifte aux affauts que la douleur me liure!
Que tarde mal-heureufe vn genereux effort,
De vanger fon iniure, & reparer fa mort?
Là, plus vifte qu'vn cerf qui court d'vn pas agile
Pourfuiuy des chaffeurs, fe chercher vn azile;
Elle s'eft retirée aux valons d'alentour,
Non pour fe conferuer, mais pour perdre le iour;

H ij

Nous la suiuons en vain, & dés nostre venuë,
Elle auoit le poignard contre sa gorge nuë,
Luscinde à deux genoux, pleurant, ioignant les bras
De loin la coniuroit de ne s'outrager pas,
Et i'allois la saisir, lors que cette cruelle
A porté dans son sein la blessure mortelle;
Sur les fleurs d'alentour, le sang en a ially,
Ses yeux se sont troublez, & son teint est pâly;
Elle a finy sa vie auec ceste parole,
Agis, m'a-t'elle dit, vn seul point me console;
I'ay sans intention tramé cét accident,
Et mon dessein fut moins criminel, qu'imprudent;
Par le linge fatal imbu du sang de Nesse
I'esperois seulement l'effect de sa promesse,
Et croyois que ce sang mortel à ce Heros,
Me deust rendre ses vœux sans troubler mon repos;
Là, ceste triste Reine en mes bras estenduë
Par vn dernier souspir a son ame renduë.

ALCMENE.

Ainsi par le pouuoir d'vn aueugle destin,
Tous les plaisirs du soir sont destruits le matin;
Ainsi de nos grandeurs la fortune se ioüe,
Et sans qu'Alcide mesme, ait peu cloüer sa roüe.

SCENE. IV.

HERCVLE, PHILOCTETE, AGIS,
ALCMENE.

HERCVLE.

VOVS remedes sont vains , & ce feu vehement
Conuertiroit en soy le liquide Ele-
ment;
Auant qu'il esteignit ceste ardeur vio-
lente
Qui de ce triste corps fait vne ombre parlante,
Donc ie ne puis franchir ceste seuere Loy?
Ny donner au vainqueur la moitié de l'effroy?
Quel antre si caché? quel endroict? quel azile
Rend en ce desespoir ma poursuite inutile?
Que desia de son cœur mon sein n'est le tombeau?
Quel Dieu me la refuse, & sauue mon bourreau?

ALCMENE.

Sa main a preuenu vostre iuste colere,
Et de son imprudence a payé le salaire.

H iij

Helas ! ce feu, mon fils, nous confomme le fein
Contre fon efperance , & contre fon deffein;
Iamais telle fureur n'a fon ame occupée,
Mais fa credulité par Neffe fut trompée;
Il luy fit efperer que fon fang qu'elle prit
Luy rendroit au befoin, vos vœux, & voftre efprit;
Et ce linge par elle imbu de cefte pefte
Fait d'vn deffein d'amour, vn accident funefte.

HERCVLE.

Mon pere en foit loüé, mes trauaux ont leur fin;
Ce que vous m'apprenez explique mon deftin.
Vn chefne prophetique en la foreft de Cyrre
Par ces mots à peu prés m'a prédit ce martyre,

　　Appuy des Dieux, & des humains
　　　victorieux Alcide,
　　Vn qui fera mort par tes mains
　　　fera ton homicide.

Telle eft mon aduanture, & la loy de mon fort,
Vn vainqueur infolent ne furuit point ma mort;
Il refte de choifir vne fin memorable
Qui pour tous les neueux laiffe vn renom durable;
Sus, pour aider le feu dont ce fein eft preffé,
Qu'au plus haut de ce mont vn bucher foit dreffé;

Que toute la forest tombe sous vos espees,
Qu'à ce pieux devoir elles soient occupees;
Que mes plus chers amis y portent le flambeau,
Et qu'on me voye entrer en cét heureux tombeau:
Toy, fidelle tesmoin des conquestes d'Alcide, A Philoct
Gloire de la valeur, & du sang Pæantide;
Reçoy ce dernier gage,& te serts à ton tour
De ces traits teints du sang qui me prive du iour:
Mais, & ressouuiens toy d'accomplir ma priere,
Fay sur le sein d'Arcas leur espreuue premiere,
Il possede le cœur d'vne ieune beauté,
Dont trop indignement le mien fut rebuté;
Que ta main de ces traits sur ma tombe l'immole,
Et qu'il y rende l'ame aux yeux mesme d'Iole.

ACTE V.

SCENE PREMIERE.

LVSCINDE, PHILOCTETE.

LVSCINDE.

OY qui sçais de quel œil il vit borner ses
iours,
Fay moy de ce trespas le tragique discours.
Quelle fut sa vertu.

PHILOCTETE.

La mort luy parut telle
Que la vie à nos yeux ne fut iamais si belle.

LVSCINDE

LVSCINDE.

Dieux ! & quel luy parut ce brafier deuorant ?

PHILOCTETE.

Ce que te paroiſtroit vn parterre odorant.
Il fit ſa mort celebre, il en benit les cauſes,
Et fut dans les charbons comme parmy des roſes.

LVSCINDE.

D'vn front touſiours eſgal?

PHILOCTETE.

      Et d'vn œil plus riant
Que celuy du Soleil n'eſt deſſus l'Orient ;
Il acquit ſur le feu ſa derniere victoire,
Et vit finir ſa vie en acheuant ſa gloire.

LVSCINDE.

Qui vit auec honneur, doit mourir conſtamment ;
Mais fay m'en le recit en deux mots ſeulement.

PHILOCTETE.

Quand il eut reſolu ceſte mort inhumaine,
Il fit nos propres mains complices de ſa peine.

En la foreſt d'Oethé, chacun le fer en main
Sur ſes arbres ſacrez, accomplit ſon deſſein,
Luy meſme le premier trauaille à ſa ruine,
Il couppe, arrache, rompt, iuſques à la racine,
La foreſt retentit à ce trouble nouueau,
L'vn frappe ſur le cheſne, & l'autre ſur l'ormeau,
La terre s'esbranla, les Driades gemirent,
Et de crainte & d'horreur tous les Faunes fremirent,
Les arbres deſpoüillez de leurs feuillages verds
Se virent bien plus nuds qu'au milieu des hyuers,
Les cerfs ſont eſtonnez d'y perdre leurs ombrages,
Et d'vn pas incertain cherchent d'autres feuillages,
Le plus petit oiſeau ne peut où s'y percher,
Et toute la foreſt ne deuient qu'vn bucher.
Il nous preſſe, & luy meſme en de diuerſes formes
Range les troncs couppez des cheſnes & des ormes,
Il dreſſe auec plaiſir ce qui dcit l'embraƶer,
Et veut que ſa maſſuë ayde à le compoſer,
Il y iette la peau du monſtre de Nemee,
Elle y ſera, dit-il, auec moy conſumee.
Lors on s'efforce en vain de cacher ſes douleurs,
Tous ſe trouuent ſaiſis, & chacun fond en pleurs,
Mais ſa mere ſur tous relaſche ſon courage,
Elle rompt ſes cheueux, déchire ſon viſage,
Pouſſe des cris au Ciel, meurtrit ſon ſein de coups,
Et plus que ce Heros ſe fait plaindre dè tous.
Reprimez, luy dit-il, ceſte douleur cruelle,
Vous oſtez à ma mort la qualité de belle,

Voulez vous de vos pleurs obscurcir mon renom,
Et rendre mon trespas agreable à Iunon.
Là de ses propres mains la flame est allumee,
L'air noircit à l'entour d'vne espaisse fumee,
Et l'on voit aussi tost vn tel embrazement
Que la flame atteignit iusqu'à son element;
Si proche de sa fin, l'œil riant, la voix saine,
Quoy! vous pleurez, dit-il, en s'approchant d'Alcmené,
Vous pleignez mon destin quand mon pere m'attend,
Vous viurez affligée, & ie meurs si content,
Ma mere (acheuoit-il) elle à ce nom de mere
De nouueau s'abandonne à sa douleur amere,
Crie, accuse le Ciel, nomme les Dieux ialoux,
Et va tomber pâmee à quelque pas de nous.
C'est là que la constance eut d'inutiles armes,
C'est là qu'il souspira, son œil versa des larmes,
Il cessa d'estre Alcide en ce moment fatal,
Et pleignit les regrets, dont on plaignoit son mal:
Mais que ceste douleur fut bien tost consolee,
Et qu'il restablit tost sa constance ébranlee.
Fidele compagnon, dit-il, en m'embrassant,
Ranime la couleur de ton teint languissant,
Et si tu fus tousiours conforme à mon enuie
Ne pleure point la mort dont i'achete la vie;
Accomply seulement l'arrest qui t'est prescrit,
Et fay que sur ma tombe Arcas rende l'esprit.
A ces mots, le teint doux, l'œil gay, la face ouuerte
Il nous embrasse tous, & tous pleurent sa perte,

I ij

Il paroiſt ſeul content, & riant de nos pleurs
Entre dans ce bucher comme en vn lict de fleurs.
Iamais Roy triomphant enuironné de palme
Ne parut en ſon char, plus ioyeux, ny plus calme,
Son eſprit touſiours ſain ne fut point alteré,
Mais preſque en vn moment ſon corps fut deuoré.

LVSCINDE.

O reſolution! digne de ſon courage!

PHILOCTETE.

La fumee auſſi toſt forme vn eſpais nuage,
Vn tonnerre eſclattant retentit dans les airs,
Et le Ciel s'entr'ouurit au milieu des eſclairs,
Sa mere en ce tombeau fit enfermer ſa cendre,
Et montra pour ſa perte vn courage ſi tendre,
Qu'à voir ſes actions tous les cœurs interdits
Pleignoient egalement, & la mere, & le fils;
Mais elle vient icy, voy qu'elle eſt affligee,
Que ſon geſte eſt confus? & comme elle eſt changee.

SCENE II.

ALCMENE, PHILOCTETE, AGIS, LVSCINDE.

ALCMENE, *tirant vn vase d'or du tombeau.*

VOVS *qui prenez des droicts sur les au-*
tres mortels,
A qui nos laschetez esleuent des Au-
tels,
Petits Dieux, meditez sur ce mal-heur extréme,
Et redoutez du sort la puissance supréme ;
En ce vase chetif, tout Hercule est enclos,
Ie puis en vne main enfermer ce Heros.
Cecy fut la terreur de la terre & de l'onde,
Et ie porte celuy qui soustint tout le monde.

AGIS.

Nos larmes de sa mort sont d'indignes effects,
Honorons ses vertus, & publions ses faicts,
Faisons d'vn beau trespas vne belle memoire,
Et que nos laschetez n'alterent point sa gloire.

I iiij

ALCMENE.

Ie ne me plaindrois pas , ô barbare conseil !
Ie pourrois voir sans pleurs ce mal-heur sans pareil,
Que tarde mon trespas ? que fera plus Alcmene?
Que plaindre & que nourrir vne eternelle peine?
Quelle vertu reside en ce debile sang ?
Quel Hercule nouueau porteray-ie en ce flanc?
Quels titres glorieux flatteront ma pensee ,
Et de quel Iupiter serai-ie caressee ?
Monarque des Thebains , aimable & cher espoux,
Qu'heureux fut ton trespas , & que ton sort fut doux,
Que la perte du iour estoit peu regrettable
Au pere qui laissoit vn fils si redoutable,
Et combien les Enfers qu'il auoit déconfits
Ont respecté le pere, à cause de son fils ;
Quel sera mon azyle , en quel lieu de la terre,
Des Rois qu'il a domptez puis-ie euiter la guerre?
Toy qui trouuas Alcmene agreable à tès yeux ,
Monarque souuerain de la terre , & des Cieux,
Comme a fait ma beauté , que ma douleur te touche,
Recompense auiourd'huy les faueurs de ma couche
Fay moy suiure ses pas , reüny nos esprits,
Et que de mes baisers ton foudre soit le prix,

PHILOCTETE.

Pour rompre des Tyrans les mortelles pratiques,
Vous n'aurez seulement qu'à monstrer ses reliques,

Elles rendront les cœurs, & les bras engourdis,
Et mettront la frayeur au sein des plus hardis.

ALCMENE à PHILOCTETE.

Toy, dont il reconnût l'ardeur, & le courage,
A qui seul de ses traits il a laissé l'vsage,
Que tarde leur espreuue ? & pourquoy n'as tu pas
Dessus sa tombe encor versé le sang d'Arcas ?
A ses manes sacrez, offre ce sacrifice,
Ta foy balance-t'elle en ce dernier office ?

PHILOCTETE, tenant les traicts.

Ie dois aueuglément respondre à son espoir;
Mais combien mon esprit repugne à ce deuoir ?

ALCMENE.

Quoy ! pour le fils d'vn Dieu tu plains vne victime?

PHILOCTETE.

Arcas n'importe peu; mais i'ignore son crime.

ALCMENE.

Par les armes mon fils, fut maistre de son sort,
Et la loy des vaincus le rend digne de mort.

HERCVLE

PHILOCTETE.

Mais ils sont innocens en vne iuste guerre,
Et que faisoit Arcas, que deffendre sa terre?

ALCMENE.

Il soustint Euritee, & sa desloyauté.

PHILOCTETE.

Iole estoit promise à sa fidelité.

ALCMENE.

Le pere fut coupable, & de ceste Princesse
Alcide auoit receu la premiere promesse.

PHILOCTETE.

Mais en sa perfidie, Arcas n'eut point de part.

ALCMENE.

O que fait ma fureur de paroistre si tard?
Où sera craint Alcide, où brillera sa gloire,
Si desia ses amis trahissent sa memoire,
Lâche, ren ce present.

PHILOCTETE, se deffendant.

Madame,

ALCMENE.

non ces traicts,

Pour ta profane main sont vn trop digne faix,
Et ie veux de ma main immoler le coupable
Puisque tu ne tiens pas son arrest equitable.

PHILOCTETE.

Il doit estre accomply puis qu' Alcide l'a fait,
Et ie n'ay pas dessein d'en differer l'effect,
Dequoy ne voudroit pas contenter son enuie
Celuy qui pour luy plaire immoleroit sa vie;
Ie respandrois mon sang au pied de son tombeau,
Et ne voudrois vn sort plus heureux ny plus beau;
Son dessein a rendu ce deuoir legitime,
Qu'vn de vos gens, Madame, ameine la victime.

ALCMENE, à AGIS.

Allez querir Arcas, & qu'Iole auec luy
Vienne en ce lieu fatal partager nostre ennuy.
Reuerez ce Heros, fuyez ombres profanes
Du glorieux riuage où reposent ses manes,
Changez, sombres forests, vos Cyprés en Lauriers,
Qui seuls facent ombrage à ce Roy des guerriers;
Et vous, fatales sœurs, Reines des destinées,
Vous, dont les noires mains ourdissent nos années;
Cessez à mon fuseau vos trauaux superflus
Que fait Alcmene icy quand Alcide n'est plus;
Si le fils releuoit d'vn pouuoir si seuere,
Quel aueugle destin en exempte la mere;

K

Tranchez les tristes iours de ce debile corps
Que vous verrez tomber sous vos moindres efforts,
Que son oncle vne fois soit touché de ma peine?
Qu'il nous renuoye Alcide, ou qu'il reçoiue Alcme-
    ne?
Qu'il le chasse, ou m'attire en ce manoir hideux?
Qu'il relasche vn esprit, ou qu'il en prenne deux.

LVSCINDE.

Madame, tout est sourd en ce fatal empire,
Et la mort fuit plus loin alors qu'on la desire;
Elle espargne ses coups, toute auare qu'elle est,
Mais on ameine Arcas!

PHILOCTETE.

ô rigoureux arrest!

SCENE IV.

PHILOCTETE, LVSCINDE,
AGIS, deux valets amenans ARCAS,
IOLE, On lie ARCAS au
tombeau.

IOLE.

BARBARES, aſſaßins, quelle ſoif?
    quelle rage?
Du ſang des innocens repaiſt voſtre cou-
    rage?
Quel arreſt l'abandonne à cét iniuſte effort?
Quel Dieu? quelle Themis? preſidoit à ſa mort.
Donc ſon affection ne m'eſt pas legitime?
Ie nuis à qui ie plais, & m'aimer eſt vn crime?
Donc pource qu'il m'eſt cher, ie creuſe ſon tombeau,
Et d'amante d'Arcas, on me fait ſon bourreau!

PHILOCTETE.

Madame, auec regret ie ſuis ſon homicide;
Mais tous reſpects ſont vains contre la loy d'Alcide.

K ij

ALCMENE.

Laiſſez ſelon ſes vœux agir ſa paſſion,
Et ne differez point ceſte iuſte action.

IOLE.

O dure cruauté! quel droict? quelle police?
Fait d'vn meurtre execrable, vn acte de Iuſtice?
Quoy? pour mon innocence vn Prince perira,
Et pour ma pureté de ſon ſang rougira?
Tranchez pluſtoſt le cours de mes triſtes annees,
Que ma vie & ma plainte en ce lieu ſoient bornées,
Dreſſez contre mon ſein ces redoutables traits,
C'eſt moy qu'Alcide veut, & c'eſt moy qui luy plais,
Que voſtre affection à ſon deſſein reſponde,
Et qu'il ait aux Enfers ce qu'il n'eut pas au monde,
Accordez luy l'obiect de ſes vœux criminels
Faiſant tomber Iole aux antres eternels.

ARCAS.

Souffrez, chaſte beauté, leur barbare licence,
Laiſſez à l'iniuſtice opprimer l'innocence,
Le Ciel qui vange en fin l'innocent mal-heureux,
S'ils ont des traits pour nous, a des foudres pour eux,
De leurs cœurs inhumains toute crainte eſt bannie,
Et voſtre reſiſtance aigrit leur tyrannie.

ALCMENE.

La plainte qu'on permet à des desesperez
Ne te sauuera pas de ces traits acerez;
Sus que differez vous? que tarde son supplice?
Que vostre affection est lente en cét office?

PHILOCTETE à genoux, & prest à tirer.

Fils du plus grand des Dieux, si du Royaume noir
Tes manes sont tesmoins de ce pieux deuoir.

IOLE se iettant sur luy.

O sacrifice impie! ô pieté barbare!
Traistre, i'attens le coup que ta main luy prepare,
En ce sein innocent pousse ton traict vainqueur,
Tu frapperas Arcas, puis qu'il est dans mon cœur,
Sommes nous abordez en vn seiour sauuage,
Où l'on viue de sang, de crime & de carnage,
Pourquoy? cruels, pourquoy? iusqu'aux Palais noircy,
Hercule cherchoit-il ce qu'il auoit icy?
Quel monstre plus sanglant? quel plus cruel Cerbere,
Que ses propres parens auoit-il à deffaire?
Que voit-on en ces lieux que des obiects d'horreur?
Et qu'y respire-t'on, que meurtre & que fureur?

ARCAS.

Appaise mon soucy tes inutiles plaintes.

IOLE.

Elles auroient effect sur des ames plus saintes.

ARCAS.

La vertu ne peut rien où le vice est puissant.

IOLE.

Qu'ils perdent la coupable, & sauuent l'innocent.

ARCAS.

Qu'as tu commis d'iniuste, & dont tu sois coupable?

IOLE.

Ie t'ay fait odieux, esclaue, miserable.

ARCAS.

Mon mal-heur m'a fait tel, & non pas ton dessein.

IOLE.

C'est moy qui t'oste l'ame, & qui t'ouure le sein.

ARCAS.

Ainsi la loy du sort marqua ma derniere heure,

IOLE *tirant vn poignard de son sein.*

Ainsi la loy du sort ordonne que ie meure.

Acheuez donc bourreaux cét iniuste trespas,
Voicy mon cœur, voicy, dequoy suiure tes pas,
Ce coup, puisque le Ciel permet leur tyrannie,
Te donne du courage, & de la compagnie,
Nous partirons ensemble; arrestez inhumains.

ARCAS.

O sensible mal-heur! sauuez la de ses mains.

IOLE.

Traistres, cruels autheurs du mal qui me possede
Vous causez le tourment, & m'ostez le remede,
Alcide ordonna-t'il qu'on prolongeast mes iours.
Lors que de ceux d'Arcas on borneroit le cours,
C'est d'esgale rigueur nous nuire, & nous poursui-
ure,
Que le faire mourir & me forcer de viure,
Donnez, donnez ce fer, ô barbare pitié!

AGIS.

O fille mal-heureuse!

LVSCINDE.

O parfaicte amitié!

Là on entend vn grand tonnerre, & le Ciel s'ouure.

ALCMENE.

Quel soudain changement ? quel horrible tonnerre !
De quels esclairs le Ciel espouuante la terre !

PHILOCTETE.

L'orage se dissipe, & les Cieux sont ouuerts ;
Mais quel nouueau Soleil illumine les airs ?

ALCMENE.

Alcide glorieux, fend la voute azurée,
C'est luy mesme.

LVSCINDE.

O merueille !

ALCMENE.

O ioye inesperee¡

SCENE

SCENE DERNIERE.

HERCVLE descendant du Ciel.

HERCVLE.

A DMIS dans le celeste rang,
Ie fais à la pitié ceder la ialousie,
Ma soif esteinte d'ambrosie,
Ne vous demande plus de sang.

Qu'Arcas ait l'obiect de ses vœux,
Qu'au sein de sa Maistresse ie termine ses pei-
nes,
Et ne porte plus d'autres chaisnes
Que de celles de ses cheueux.

A Alcmene.

Vous, viuante source de pleurs
Qui m'auez honoré d'vne amitié si tendre,
Consolez vous & sur ma cendre
Ne respandez plus que des fleurs.

Que tous les peuples de ce lieu
Esleuent sur ce mont des Autels à ma gloire,

L

Et qu'ils conſéruent la memoire
De la mort, qui m'a fait vn Dieu.

Il remonte au Ciel.

ALCMENE.

Dompteur de l'Vniuers, rare honneur de ces lieux?
Quoy! deſia ta clarté ſe dérobe à nos yeux?
Arreſte vn ſeul inſtant; mais en vain ie l'appelle
Leger, il ſe redonne à la trouppe immortelle.
O diuin accident! rompons, rompons ces fers,
Qu'Arcas prenne le prix des maux qu'il a ſoufferts;
Et que par les douceurs d'vn heureux Hymenée
De ce couple d'amans la peine ſoit bornée.

IOLE.

O celeſte aduanture! ô glorieux Heros!
Qui deſſus ſon debris reſtablit ſon repos.
Madame, pardonnez la plainte iniurieuſe,
D'vn eſclaue innocent, & d'vne mal-heureuſe;
Que ce fils glorieux vous comble de plaiſirs,
Et rende voſtre gloire égalle à vos deſirs.

ARCAS deliuré.

Que ce cœur & ce bras ſoient voſtres ſans reſerue,
Et ne me conſeruez, qu'afin que ie vous ſerue.

MOVRANT.

LVSCINDE.

O bon-heur sans pareil !

PHILOCTETE.

ô fauorable sort !
Qui de deux innocens a diuerty la mort;
Qu'en plaisirs eternels vostre douleur se change,
Benissons ce Heros, publions sa loüange,
Rendons à sa vertu des honneurs immortels,
Et d'vn commun dessein, dressons luy des Autels.

FIN.

www.ingramcontent.com/pod-product-compliance
Lightning Source LLC
Chambersburg PA
CBHW070021110426
42741CB00034B/2271